PARCOURS D'UN ÉCRIVAIN
NOTES AMÉRICAINES
de Marie-Claire Blais
est le quatre cent quatre-vingt-douzième ouvrage
publié chez
VLB ÉDITEUR.

PARCOURS D'UN ÉCRIVAIN
NOTES AMÉRICAINES

Marie-Claire Blais

Parcours d'un écrivain
Notes américaines

vlb éditeur

VLB ÉDITEUR
Une division du groupe Ville-Marie Littérature
1000, rue Amherst, bureau 102
Montréal, Québec
H2L 3K5
Tél.: (514) 523-1182
Télécopieur: (514) 282-7530

Maquette de la couverture: Gaétan Venne

En couverture: Diana Heiskell, *Chaise rouge devant l'océan*, aquarelle peinte à
Wellfleet (Mass.), 1961.

Mise en pages: Édiscript enr.

DISTRIBUTEURS EXCLUSIFS:

- Pour le Québec, le Canada et les États-Unis:
  LES MESSAGERIES ADP*
  955, rue Amherst, Montréal H2L 3K4
  Tél.: (514) 523-1182
  interurbain sans frais: 1 800 361-4806
  Télécopieur: (514) 939-0406
  * Filiale de Sogides Ltée

- Pour la Belgique et le Luxembourg:
  PRESSES DE BELGIQUE S.A.
  Boulevard de l'Europe, 117
  B-1301 Wavre
  Tél.: (10) 41-59-66
       (10) 41-78-50
  Télécopieur: (10) 41-20-24

- Pour la Suisse:
  TRANSAT S.A.
  Route des Jeunes, 4 Ter
  C.P. 125, 1211 Genève 26
  Tél.: (41-22) 342-77-40
  Télécopieur: (41-22) 343-46-46

- Pour la France et les autres pays:
  INTER FORUM
  Immeuble ORSUD, 3-5, avenue Galliéni, 94251, Gentilly Cédex
  Tél.: (1) 47.40.66.07
  Télécopieur: (1) 47.40.63.66
  Commandes: Tél.: (16) 38.32.71.00
              Télécopieur: (16) 38.32.71.28
              Télex: 780372

Dépôt légal: 4e trimestre 1993
Bibliothèque nationale du Québec
ISBN 2-89005-558-2

À Éléna Wilson

Avec mes remerciements à Nathalie Goodwin pour son soutien moral, son constant appui pendant l'écriture de ces carnets.

Carnet 1

JUIN 1963: cette année-là un grand président américain sera assassiné, avec la guerre du Viêt-nam qui approche, chacun de nous assistera à la télévision, comme dans les journaux, à une ère de massacres traversée parfois de quelques prises de conscience collectives qui changeront le monde. Car pour la première fois, on verra à la télévision une étudiante noire, suivie de la garde nationale américaine, franchir la grille d'une université blanche, la ségrégation raciale sera accusée, dénoncée, dans la haine, la douleur, la juste colère, pacifiquement aussi, et on verra couler le sang de ces militants noirs et blancs qui furent les martyrs de ce combat, dans les villes du sud des États-Unis, les martyrs qui continuent de tomber encore aujourd'hui dans les rues de Los Angeles et de Toronto, pour ce combat des droits civils des Noirs qui ne sont toujours pas acquis en 1992. Mais, en juin 1963, la ville de Cambridge, dans le Massachusetts où nous arrivons en voiture par un bel après-midi ensoleillé, la ville est calme avec ses étudiants rêveurs allongés sur les verdoyantes pelouses du campus de l'Université de Harvard. Récipiendaire d'une bourse de la John Simon Guggenheim Memorial Foundation cette année-là, je dois résider aux États-Unis durant une année et écrire un livre pendant mon séjour là-bas: j'ai choisi Cambridge parce que des amis écrivains y vivent déjà, mais ce sont des écrivains dont la maturité, l'œuvre prodigieuse et la grande renommée m'impressionnent fortement et je crains de les rencontrer ou de les revoir. Louise et Françoise qui iront à Provincetown, pour leurs vacances, ont eu la générosité de m'amener jusqu'à Cambridge et de m'aider dans ce modeste déménagement américain: car je n'apporte que quelques objets indispensables qui sont alors mes biens: une table à cartes, pliante et austère, pour écrire, une chaise, une radio en plastique rose, et l'outil le plus précieux, une machine à écrire portative. En une heure, nous trouverons un sous-sol à louer dans le quartier noir, près de Cambridge, pour cent dollars par mois. C'est dans un vaste immeuble gris et délabré, où vivent des étudiants venus de tous les pays; dans le corridor sombre qui mène à mon appartement, je remarque que les boîtes aux lettres ont été défoncées et que plusieurs des fenêtres de l'immeuble ont été fracassées et brisées. C'est le premier jour, à Cambridge; lorsque mes amies partent pour Provincetown, j'ai le cœur serré et je marche longtemps seule vers le campus universitaire, me demandant pourquoi j'ai choisi de venir vivre ici dans cette ville un peu froide, hautaine, où je n'ai pas encore le courage de parler à quelqu'un, à part mon propriétaire, un homme brusque, hostile aux étrangers. Mais c'est un beau jour de juin, les librairies sont pleines de jeunes gens qui lisent debout les uns contre les autres, dans leurs jeans ou leurs pantalons de velours, rue Brattle; ils sont partout, dans les librairies comme aux portes des cinémas, dans les cafés, les brasseries où je les entendrai souvent rire et discuter tard dans la nuit. Ils sont à l'aise, silencieux ou bruyants dans cette ville conçue pour eux. Chacun porte ses livres dans son sac à dos, ou dans une poche de toile rouge, liée à un cordon jaune qu'ils tirent sur leurs épaules, dans laquelle ils jettent ces livres cueillis un peu partout pendant la journée dans la ville, à la bibliothèque de l'université — que je connaîtrai un jour grâce à la gentillesse d'Edmund Wilson qui m'y amènera — ou dans les nombreuses librairies où, sans rien acheter, chacun peut se perdre pendant des heures dans la lecture des œuvres de Walt Whitman, Herman Melville, Henry James; je découvre alors, debout parmi les autres, devant ces rayons de livres que nous contemplons avec une fébrile voracité, pendant que nous lisons, Mary McCarthy, les poètes Elizabeth Bishop, Marianne Moore dont la brève apparition dans ma vie, quelques années plus tard, autour de mes amis, me marquera pour toujours, car ces écrivains que je lis dans la fraîcheur d'une autre langue que la mienne — en même temps que j'apprends cette langue — en ces jours de juin très chauds où j'erre seule dans la ville, consciente de mon malaise, de mon étrangeté en ces lieux, me révèlent qu'un peu de ma patrie spirituelle m'attend ici, près d'eux. Mais il faut fuir la chambre sinistre, sans lumière, le carreau de la fenêtre que je ne réussis pas à refermer par où entreront la pluie, le froid, la neige, et aussi un chat blanc qui viendra me rendre visite quand il aura faim. En ces jours de juin où j'éprouve déjà un vif désir de rentrer chez moi, de retrouver mes amis, n'est-ce pas pendant ces jours d'une longue oisiveté inquiète où je n'ai pas le courage d'aller ouvrir un compte à la banque, de parler à l'épicier, de m'exprimer inconfortablement dans une langue que je parle à peine, que ma vie se trouve soudain métamorphosée par l'achat d'une bicyclette. (J'aurai trois bicyclettes dont deux seront volées en quelques jours, bien que je les enchaîne, la nuit, à un arbre que je peux voir de ma fenêtre: de la troisième il ne restera que deux roues aux pneus arrachés dans la cour, derrière mon immeuble.) Car c'est avec cette bicyclette que je découvre la ville, sa nonchalance, le dimanche, le long des rives de la rivière Charles (Charles River), ses familles joyeuses qui déjeunent sur les berges avec leurs chiens, et, dans leurs canots, ces garçons très jeunes vêtus de leurs shorts blancs, de leurs maillots rouges, qui rament avec une vigueur concentrée, et dont les corps qui se tiennent droits ont des mouvements mécaniques au-dessus de l'eau. Par ces splendides dimanches, les préparatifs à la guerre semblent oubliés; dans notre ville, chacun s'amuse, vit sensuellement sa jeunesse, et nous ne sommes peut-être que quelques-uns à sentir peser autour de nous l'ombre de la catastrophe.

Un soir, pendant que nous nous promenons côte à côte, guidant nos bicyclettes devant nous dans les allées fleuries d'un parc, un étudiant du MIT (Massachusetts Institute of Technology) et moi, ma tête frôlant l'épaule du grand garçon athlétique qui marche près de moi et qui écrase les feuilles de ses larges chaussures de course (il est l'un de ces coureurs que l'on voit dès l'aube sur la plage de la rivière Charles), j'éprouve ce choc de la dureté américaine: mais est-ce de la dureté, de l'indifférence ou de l'ignorance de la part de celui qui me pose beaucoup de questions avec une assurance si virile ou n'est-ce pas plutôt ma timidité qui me paralyse devant lui? Lorsque je lui dis que je viens du Canada, que j'ai écrit quelques livres qui ont été publiés aux États-Unis, l'étudiant du MIT me répond d'un air satisfait que j'ai beaucoup de chance d'avoir un éditeur à Boston, car le Canada, ajoute-t-il en tournant vers moi son beau profil, le Canada n'est pas connu chez nous, le Canada, ce n'est rien. *It is nothing, just nothing.* Il me dit sur le même ton impérieux, que seriez-vous sans nous, rien n'est-ce pas, rien? Pendant que je l'observe, la main posée sur le siège de sa bicyclette, sa haute tête levée vers le ciel étoilé de cette nuit de juin, je sais que je rencontrerai encore beaucoup d'êtres comme lui qui m'accableront de la même rudesse, de la même insolence, et que chacun m'inspirera la même crainte. Mais c'est le lendemain, ou quelques jours plus tard qu'un étudiant au visage sensible me dira aussi, dans la même allée sous les arbres qui mènent aux élégants bâtiments universitaires: «J'ai dix-sept ans, je m'engagerai dans l'armée s'il le faut... Je ferai mon devoir, mais je préférerais ne pas être tué, tuer, je préférerais ne pas mourir...»

Carnet 2

EN CET ÉTÉ BRÛLANT DE 1963, les délinquants noirs saccagent les rues de mon quartier, ces rues, un peu à l'écart du centre de Cambridge, qui pourraient ressembler aux rues de Harlem avec ces trous funèbres aux fenêtres des maisons, ces ruines béantes des façades de magasins derrière d'épais grillages de fer qui ne semblent plus rien protéger; mais en ce temps d'émeutes raciales à travers le pays, l'armée, les policiers sont partout aux aguets, et je verrai souvent ces adolescents à qui l'on passe des menottes aux poignets, que l'on pourchasse pendant les émeutes dans les rues avec les avilissants jets d'eau des boyaux d'arrosage ou que l'on aveugle des nuages d'un gaz explosif; je les verrai aussi partir vers le lieu de leur incarcération, dans ces voitures de policiers où ils cachent leur tête fière dans leur blouson. Le temps approche où ils reviendront peut-être en guerriers, dans ces mêmes villes, dans ces mêmes rues où l'on entend, avec les Black Panthers, les grondements de la révolution noire violente.

Pendant cet été-là, rue Brooklyn où je vis, victime comme tous ceux qui m'entourent de cet été de mécontentement et de fureur, je lis James Baldwin, Richard Wright, Ralph Ellison, et je prends conscience

de la plus honteuse répression de l'histoire. Nul n'est
à l'abri dans notre rue de l'énorme colère qui secoue
le pays, pas même mon chat blanc qui rôde en liberté
toute la nuit et dont je caresse au matin la fourrure
poussiéreuse et qui un jour ne reviendra plus, car de
jeunes vandales le tueront par jeu sous les planches
d'un escalier, près de mon immeuble. De même, ces
objets souples et fragiles, les bicyclettes seront
tordues, parfois on les trouvera calcinées, accrochées
aux poteaux de la rue comme de petits cadavres.
L'étudiant de famille aisée qui consomme sereine-
ment son LSD, après les cours, dans les jardins publics de l'Université de Harvard et qui semble poser
sous sa langue des morceaux de sucre, sera dévalisé
dans sa chambre luxueuse, attaqué dans les rues par
les gangs; en douceur, pour l'instant, le LSD, drogue
de l'évasion sublime en temps de guerre, se partage
parmi les professeurs et les étudiants et on loue la
vélocité de ce produit euphorique que l'on appelle
encore pharmaceutique. D'inquiétants désordres apparaissent peu à peu parmi les étudiants; il n'est pas
rare, alors qu'elle revient du cinéma le soir, ou de la
bibliothèque municipale qui ferme tard, qu'un garçon
fonce vers une étudiante, pointant agressivement le
dard rouge de son sexe nu vers elle, sans même la
voir, car le LSD a le pouvoir de les délivrer tous de
leurs chaînes, violeurs ou poètes; ils sont soudain
capables d'écrire comme le poète Keats, même si on
ne peut voir de tous ces poèmes que quelques signes
mystérieux sur une feuille blanche, un cercle, un
carré, la forme d'une étoile, tels ces signes atrophiés
que me montre mon ami Jack, près de la rivière
Charles; ils peuvent tuer une famille entière de sang
froid comme l'a fait l'assassin dont on a vu la photographie dans le journal du matin, ou composer cette
musique de John Cage qu'ils ont entendue dans une

salle de concert, car cette musique, c'est un peu eux-mêmes, leur discordance en cette époque, celle de leur jeunesse dont l'harmonie a été brisée. Car ils sont audacieux et le LSD a l'hallucinante couleur de leurs rêves de libération les plus insensés.

Miss B., Irlandaise catholique pieuse qui m'invite à me joindre à elle pendant qu'elle déjeune à l'un des restaurants distingués de Cambridge (elle est sympathique à mon embarras lorsqu'elle me voit chercher mon passeport au fond de la poche de toile rouge, que je porte moi aussi suspendue à l'épaule, car nous devons sans cesse prouver que nous avons plus de vingt ans pour avoir droit à un apéritif, dans un restaurant, alors que les étudiants, dès qu'ils sont seuls, boivent beaucoup de bières dans leurs parties privées), Miss B., le col de sa robe raide serré à son cou, me dit: «Ces jeunes, ils vont trop loin... Aucun principe ne dirige leurs vies... Cette ville est un cauchemar pour ceux qui vivent comme moi en zone urbaine... Et pourtant, nous sommes de braves citoyens, nous... Et ces Noirs, pourquoi ne restent-ils pas à leur place? Ils ont leurs rues, leurs quartiers, pourquoi doivent-ils envahir les nôtres? Faut-il vraiment que nous partagions tout avec eux? Nos universités? Nos écoles?»

Des lèvres honnêtes de Miss B., cette femme bonne et patriote, coulent ces paroles haineuses qui me la font soudain redouter. Mais elle me dit avec les mots de l'amitié sincère: «Pourquoi hésitez-vous tant à téléphoner à vos amis américains?... Vos amis vous aideront, vous verrez, les Américains sont généreux... Comme vous êtes seule, venez donc chez moi, dimanche prochain... Nous déjeunerons ensemble dans le jardin s'il fait beau...» Dans ce jardin ordonné, comme le sont souvent les jardins de la Nouvelle-Angleterre, dans ce jardin où coule une fontaine près d'une imposante statue de la Vierge, je déjeune avec Miss B. qui, tout en cueillant des tulipes qu'elle dispose avec soin au pied de la statue, me parle de sa foi ardente; elle dit que les jeunes ont bien tort d'être ces athées qui vivent sans Dieu, et dans quel état lamentable est la nation à cause de ces jeunes et de leur affranchissement qui supprime toutes les règles du passé; elle est scandalisée, offensée, elle est exaspérée aussi parce qu'il est tard dans sa vie et qu'elle n'espère plus rencontrer un mari, mais les hommes ne sont plus ce qu'ils étaient autrefois... Sa mère l'approuve des hochements de la tête, elle est pensive sous son chignon qui tremble. «Tout cela est bien affreux, dit-elle, où va donc la religion et notre pays, que devient-il ce grand pays, il est la proie des vandales?» Je crois que c'est lors d'une discussion sur la liberté sexuelle que Miss B. me dit soudain dans ce même restaurant où elle m'avait si gentiment invitée à déjeuner, quelques semaines plus tôt: «Je n'approuve pas vos idées, je sais que ce sont les idées de votre génération, mais je n'approuve pas votre façon de penser, alors il serait préférable à l'avenir de ne plus se voir.» Mais sur cette terre neuve, la Nouvelle-Angleterre, toute expérience, même cette désolante rencontre de Miss B. et de son intolérance religieuse et raciale, tout devient pour moi la source d'un enseignement quotidien et dans la chambre de mon sous-sol, sur la table à cartes, les carnets de notes débordent tous les jours.

Carnet 3

C'EST UN APRÈS-MIDI DE JUILLET, loin de la rue Broadway et de ses rôdeurs sinistres aux portes des magasins et des immeubles dont les vitres ont été noircies de slogans haineux. Dans les parcs de Cambridge, chacun s'abandonne à la quiétude dominicale en écoutant sonner les cloches des églises du voisinage. En ce dimanche, je suis assise sur un banc près d'Edmund Wilson, le grand critique américain qui — de sa voix forte, adoucie de longs silences, car cette conversation se déroule en français, et bien qu'il parle parfaitement cette langue, Edmund, en s'arrêtant soudain sur un mot, une phrase, a des réticences pudiques —, avec l'étendue de sa vaste culture, me trace un portrait détaillé de Virginia Woolf, de sa vie, de son œuvre. Et je n'ose pas regarder celui qui ressemble à Winston Churchill, qui a cette puissance intellectuelle et physionomique. Il s'exprime aussi, avec le même savoir passionné, sur l'œuvre de Zelda Fitzgerald, le poète Edna Saint-Vincent Millay, Gertrude Stein, et il parle souverainement de ces écrivains de la nouvelle rébellion, que je viens de lire à la bibliothèque de Harvard, comme si chacune de ces femmes admirables était parmi ses amies intimes. Cet homme doué d'intuitions fabuleuses semble comprendre la vision cristalline de Virginia Woolf qui, jusqu'à la fin de sa vie, chercha à travers les tourments et la complexité de son art une révélation qui ne cessait de lui échapper et pour laquelle il lui fallut mourir. Je fixe le ciel bleu d'un œil inquiet, mes yeux s'attardent aussi sur le pan de ce veston de tweed usé que porte Edmund par un jour aussi chaud, sur ses souliers bruns, des souliers à l'ancienne mode dont l'un des lacets est dénoué. Je voudrais demander à Edmund pourquoi l'œuvre de Virginia Woolf, sa vie dont il me souligne l'ambiguïté morale, et son refus de se soumettre aux conventions sociales, lui paraissent si familières, mais Edmund est un érudit, l'auteur d'une vingtaine d'ouvrages, dont les plus célèbres sont déjà en livres de poche, ces livres que l'on voit partout dans les librairies de Cambridge et que je lis debout parmi les étudiants (*I Thought of Daisy, Finland Station, The Wound and the Bow*). Et devant tant d'érudition, moi qui ne suis pas encore un esprit cultivé, dont la vie littéraire n'en est qu'à ses débuts, je dois me taire. Mais j'ai déjà éprouvé la même irritation ou la même gêne en lisant des biographies de Simone Weil écrites par des hommes, je n'ai jamais aimé ce ton de propriété rigide et confiné qui est le ton, dans les années soixante, des critiques ou des biographes lorsqu'ils présentent ou étudient les œuvres écrites par des femmes. Edmund me rappelle que Virginia Woolf a écrit cette biographie fictive, un livre très audacieux, *Orlando*, il me dit que j'aimerais sans doute beaucoup cette biographie d'avant-garde... «Orlando, m'explique-t-il avec une imperceptible moquerie dans l'inflexion de sa voix — mais j'aime chez lui ce côté moqueur qui me le rend si séduisant —, est un personnage qui traverse le temps, l'histoire, en devenant tour à tour homme et femme. C'est un livre d'autant plus étonnant qu'il a été écrit

par une femme...» J'ai vu une photographie d'Edmund, sur la couverture de l'un de ses livres; on y
retrouve, comme aujourd'hui sur ce banc dans un
parc de Cambridge, la majesté de Winston Churchill,
la même ironie mordante dans le sourire des lèvres
minces, sauf que sur cette photographie Edmund est
aussi un amuseur, un magicien, car il tient à la main
un jeu de cartes; et en ce jour de congé, c'est à cet
homme magicien que je pense soudain. Plutôt que de
l'ennuyer avec mes propos sur Virginia Woolf, de
l'accabler de mes réflexions, de mes questions —
pourquoi me parle-t-il de Virginia Woolf, de Gertrude
Stein avec un tel sens de la propriété spirituelle,
pourquoi me choque-t-il par sa familiarité avec la vie
et l'œuvre de Virginia Woolf? — je lui propose
de venir avec moi à un spectacle dans un théâtre de
marionnettes, puisqu'il anime lui-même un théâtre
de marionnettes pour ses petits-enfants quand ils le
visitent à Noël.

Et c'est devant un spectacle pour enfants, au
théâtre de marionnettes, que s'achèvera cette paisible
journée dans un parc de Cambridge. La conversation
sur Virginia Woolf sera remise à plus tard: le sujet de
la littérature des femmes, ce sujet à la fois libre et
entravé, entre Edmund et moi, ne sera jamais sans
une sourde tension, car j'aurai toujours l'impression
que le grand critique garde pour lui seul ce trésor qui
ne lui appartient pas. Et pourtant, que d'affinités
cachées entre lui et Virginia Woolf, l'âme dure et fière
de Gertrude Stein plus encore peut-être. En ce
dimanche de juillet 1963, quand je suis assise sur ce
banc, près d'Edmund, je suis touchée par la grandeur
de son esprit, par la finesse de ses perceptions, peut-
être suis-je aveuglée par ma colère, ma révolte, parce
que je sais qu'il a étudié dans une prestigieuse université privée pour les hommes seulement, quand

Virginia Woolf, née dans le milieu des érudits et des philosophes que fréquentait son père, n'a jamais eu droit à ces études, à cet épanouissement intellectuel. Mais peut-être que cette vision «du halo lumineux» autour de la conscience qui nous guide de la vie à la mort ne pouvait être accordée qu'à une femme, qu'à Virginia Woolf, dans l'héroïsme de son isolement mental, cet isolement dont, nous dit-elle, il faut sortir...

Carnet 4

UNE LUMIÈRE DORÉE recouvre les rives de la rivière Charles pendant que rament les canotiers dans leurs shorts blancs; les feuilles des arbres commencent à rougir le long de ces avenues prospères de Boston, de leurs édifices, de leurs coquets bâtiments de commerce que la rage incendiaire des enfants du ghetto n'a pas encore embrasés, comme elle le fait chaque jour dans mon quartier, près de Cambridge. C'est le mois d'août 1963 et je sors enfin de la solitude de ma chambre, après plusieurs semaines de réclusion morose autour d'un roman dont le sujet est la passion, la relation toujours particulière entre un homme et une femme, après aussi l'incident de la bicyclette volée que je raconte à un ami cher qui m'écrira, avec cette autorité masculine dont j'avais perdu l'habitude, si loin: «Ce genre d'incidents, cela n'arrive qu'aux femmes... Il faut être maladroite comme toi pour attirer de tels incidents... ou trop naïve... avec les gens... leur faire confiance au point d'attirer à soi ces malheurs...», et de là débutera ce récit sur la passion contrariée ou l'ambivalence, l'incertitude des relations féminines-masculines dont j'aurai toujours la hantise. Je téléphone à ces amis d'Edmund Wilson dont il m'avait si généreusement laissé les noms pendant que nous étions assis sur ce banc, dans ce parc de Cambridge, un clair dimanche de juillet. Et ce sera, en cette fin du mois d'août où revient le silence, l'enchantement d'entendre la langue française en ce milieu anglophone si refermé sur ses valeurs religieuses et morales, plus replié et retiré encore en cette saison où reprendront bientôt les études universitaires. Le professeur Suzanne P., venue de France pour enseigner la littérature française moderne à l'Université de Harvard, me reçoit dans sa maison aux murs blancs, parmi ses enfants, leurs chiens et leurs chats, la remuante famille courant pieds nus dans les escaliers et sur les blancs tapis de laine, dans les rayons de soleil que filtre la baie vitrée sur tous ces petits corps fragiles et joyeux. Soudain la maman se fâche et dit qu'il faut passer à table avant l'arrivée du père, s'habiller, être propres, et surtout se taire pendant le repas en gardant chacun sous sa chaise ses animaux silencieusement blottis.

Quand nous sommes tous entourés de lumière, de cette dernière caresse du soleil chaud de l'été avant l'automne qui fond dans nos cheveux, et que s'ouvrent des roses rouges dans un vase, sur la nappe blanche, Suzanne discourt sur sa méthode pour enseigner les écrivains existentialistes, de Gabriel Marcel à Jean-Paul Sartre, Simone de Beauvoir. Elle avoue craindre beaucoup pour ses étudiants; ces jeunes Américains seront bientôt devant de graves décisions à prendre pour leur avenir, plusieurs ont exprimé le désir d'être des objecteurs de conscience si on déclare la guerre. Pendant ce temps, les enfants jouent sous la table avec leurs animaux favoris.

Ce qui me lie spontanément à Suzanne et à sa famille ce jour-là, ce n'est pas que ce paradis de l'enfance qu'elle a su créer autour de ceux qu'elle aime, c'est aussi la Provence que je retrouve dans son accent, et le merveilleux éclat coloré de cette langue française qu'elle parle. En plus, Suzanne s'intéresse à notre littérature et à ce livre qu'écrit Edmund (*O Canada, An American Note on Canadian Culture*) où il s'efforce de rassembler nos deux cultures séparées et, pendant ces nébuleuses années soixante, en exil l'une de l'autre, par une interprétation nuancée des écrivains des deux langues. Ainsi parmi les auteurs étudiés, il y aura Morley Callaghan, Hugh Mac Lennan aussi bien qu'Anne Hébert, Roger Lemelin, André Langevin.

Vingt ans plus tard, lors d'une signature dans une librairie internationale de Cambridge (qui fut toujours pleine d'encouragements pour nos écrivains de langue française), je reverrai Suzanne P., son mari Peter (les enfants seront déjà des universitaires à leur tour), toute cette famille florissante autour de nos livres et de nos auteurs et Suzanne me dira avec son même accent délicieux: «Il n'y a plus d'enfants sous la table, l'une sera médecin... l'autre je ne sais pas encore... mais chez nous, nous nous intéressons encore à tout ce que vous écrivez... à Harvard, nous connaissons Anne Hébert, Antonine Maillet, Michel Tremblay, Réjean Ducharme... avec le temps, nous aimerions avoir de plus en plus de vos auteurs, ici...» Cette réflexion confiante et stimulante, je l'entendrai souvent, dans des universités américaines, pendant des tournées de lectures, seule ou avec d'autres écrivains. Il y aura parfois un ardent admirateur de Victor-Lévy Beaulieu (l'ayant écouté en lecture dans l'une de ces universités) qui me parlera de son œuvre en français, et la sensation de cet enchantement précaire mais si apaisant me reviendra comme dans la maison aux murs blancs de Suzanne et de ses enfants, en ce mois d'août 1963 quand le soleil dardait sur nous, par la baie vitrée, ses rayons brûlants.

Connaître encore, en 1992, l'enchantement ou l'émerveillement d'entendre la voix de nos poètes ou d'entendre parler d'eux à l'étranger dans la clarté et la limpidité de la langue française peut sembler coupable si l'on pense que l'on est chaque jour témoin des plus grandes horreurs de notre temps, cette constance de la guerre et de la famine qui ne laissent aucun repos à nos yeux impuissants, à la paralysie de notre conscience. Pourtant, cet enchantement si frêle, n'est-il pas tout ce qui reste?

Carnet 5

EN CE DÉBUT D'AUTOMNE 1963, pendant que règne l'agitation des étudiants sur le campus de Harvard — car la guerre du Viêt-nam ne tardera pas à survenir, déchirant tout le pays —, j'ai le plaisir d'entendre encore la langue française à laquelle s'ajoute cette fois la brusquerie un peu chantante de l'accent américain de la Nouvelle-Angleterre, chez Maud Morgan dont je visite l'atelier de peinture, rue Hinland, dans un respectable quartier de Cambridge où s'alignent, parmi des buissons de cèdres, de jolies maisons de bois peintes en vert, et leurs jardins clôturés. Et c'est là que renaît ma fascination pour la peinture non figurative américaine, celle qui annonce dans les foudroyants tableaux de Maud aux lignes folles et dégoulinantes d'une fertile matière rouge et or, à la fois débridée et rigoureusement maintenue dans le secret de son explosion, l'avènement du pop art, et bientôt, avec le tumultueux Andy Warhol et la force de ses dénonciations sociales, une peinture si indiscrète dans le traitement de l'actualité et du quotidien qu'on se demande si elle n'est pas une photographie presque trop réelle de ce que nous sommes devant les produits que nous consommons. La boîte de conserve (soupe Campbell) n'est-elle pas là, sous nos yeux, n'a-t-elle pas envahi toute notre imagination, de même que cet obsédant visage de Marilyn Monroe dont les yeux se referment sur la tragédie multipliée (car il y aura cent, deux cents peut-être, tableaux représentant avec la même exactitude ce visage masqué d'un faux sourire, de la feinte résignation d'une femme qui seule connaît la violence de son destin).

Maud est une grande femme énergique aux cheveux blancs: elle vit seule bien qu'elle voie fréquemment sa fille, son fils, dont elle se sent proche; elle tente de revendiquer, à près de cinquante ans, me dit-elle avec un humour grave, l'autonomie de sa personne comme celle de son art. Pendant que je regarde ses tableaux dans l'atelier dont les panneaux des larges fenêtres reflètent un ciel bleu déjà froid, parmi des toiles blanches inachevées qu'un coup de brosse a inondé d'un flot de lumière dont les taches, au milieu de la toile, en contraste avec le blanc, sont d'un jaune torride illuminé, Maud me dit qu'elle peint ainsi plusieurs toiles à la fois chaque jour. Je ne me doute pas encore que Maud qui, même à un âge avancé, peint et expose encore aujourd'hui à travers le monde, est pour moi la prophétique incarnation de toutes ces femmes artistes, peintres, graveurs, sculpteurs, que je rencontrerai bientôt aux États-Unis, au Canada et en France et qui, toutes, comme Maud, vont défendre leur art avec la même intégrité et la même furieuse autonomie.

C'est ainsi que je verrai plus tard, à New York, les tableaux de Jackson Pollock, de Gorky, de Hans Hoffman dont l'embrouillement des couleurs et des formes, leur lancinante expression du tourment que vivent nos contemporains, et ce même ruissellement de taches grattées, structurées, arrachées au chaos de la matière âpre, me rappelleront Maud et la fulgurance de sa rupture avec l'art traditionnel; ces tableaux me feront croire en cette influence de la peinture sur l'écriture, en ce pouvoir d'un art qui en éclaire un autre en s'y ajoutant, comme on le voit lorsque Proust décrit un pan de lumière jaune sur un mur, lorsqu'il affine de ses propres éclairages un tableau de Vermeer ou un portrait de Rembrandt qui imperceptiblement devient un portrait de l'écrivain lui-même.

En cette année 1963 où gronde la colère sur les campus des universités, où chacun exprime ouvertement sa crainte de la guerre, l'art est provocant lui aussi et ses secousses agressives sont bénéfiques; rue Brattle, à Cambridge, on se bouscule aux portes des cinémas pour voir les films de Godard, de Bunuel. Bientôt on assiégera les galeries pour voir les tableaux de Andy Warhol (on dirait alors un petit garçon rêveur, inoffensif sous ses cheveux blonds dont une mèche recouvre un œil anxieux) et de Roy Lichtenstein, dont les œuvres hurlent l'agonie de la civilisation industrielle. L'un de ces tableaux afflige longtemps ma mémoire. La toile ne contient qu'un objet, comme si le peintre l'avait photographié dans le noir ou méticuleusement dessiné d'un crayon sombre: c'est une chaise électrique qui est vide, qui attend. En 1963, on vient à peine d'abolir la peine de mort au Canada. Aux États-Unis, la peine capitale existe toujours bien que, sur tous les campus, de Harvard à Berkeley, les étudiants continuent de s'y opposer fortement. Andy Warhol et Jackson Pollock que l'on voit surgir dans les galeries de New York comme les barbares de la nouvelle peinture, eux qui choquent la critique, qui font tant de bruit, mourront pourtant presque seuls, dans de silencieuses catastrophes dont on ne saura presque rien, sinon que l'un était malade et l'autre enclin à conduire trop vite sur ces routes où il allait périr dans un accident. Par un soir de septembre 1992, j'entends la voix de Maud au téléphone, dans le refuge un peu glacé de la campagne où, en cette saison, je vois rarement mes amis; c'est une voix ancienne que je ne reconnais pas d'abord, une voix cassée, celle d'une très vieille dame. J'apprends qu'elle peint toujours, expose encore ses tableaux, qu'elle écrit son autobiographie. Je n'ai pas entendu la voix de Maud depuis cette visite dans son atelier en automne 1963, mais à mesure que je l'entends, je revois les toiles encore intactes dans l'atelier de la rue Hinland, à Cambridge; je revois aussi la main qui, d'un large coup de brosse, projetait sur la toile ces taches encore humides qui avaient l'éclat du soleil...

Carnet 6

EN CES SOIRÉES D'AUTOMNE où l'air est encore tiède, les délinquants noirs traînent dans les rues de Cambridge, les mains dans les poches, la casquette rabattue sur les yeux. Ils sursautent pourtant au moindre bruit, dans cette oisiveté de la peur qui les mène vers les malodorantes pénombres des ruelles du ghetto, autour des poubelles que grapillent les rats. Ils échangent ces drogues dures, la mescaline, l'héroïne, dont, à treize ans, ils ont déjà une habitude lasse, un peu désabusée. La poignante agonie de leur âme se lit parfois dans leur regard, mais ils sont jeunes aussi, ils aiment jouer, se battre, déambuler le soir par bandes le long de ces magasins encagés dans leurs grilles et leurs murailles de fer forgé; c'est là que les plus grands de ces adolescents s'arrêtent pour voir apparaître sur l'écran bleu d'une télévision leurs pacifiques leaders et frères (bien que l'idéologie de la non-violence ne plaise pas à ces enfants qui ont connu tôt la violente oppression des Blancs) qui recommandent aux gouvernants politiques une action non violente, urgente, immédiate pour l'intégration des Noirs dans la vie sociale américaine. Rue Broadway, ces adolescents aux devantures des magasins, suspendus à ces éloquentes

figures qui s'adressent à eux d'un distant écran de
télévision bleu, écoutent et regardent avec une
intensité au bord du désenchantement ce doux
prêcheur qu'est Martin Luther King, dont la parole,
comme celle d'un poète, déborde d'images, de
métaphores, de conseils de prudence et aussi d'une
inaltérable tendresse, car un jour tous les peuples
seront frères, entendent-ils, et l'intégration des Noirs
se fera dans la paix, la non-violence et le renouvelle-
ment des lois. Les jeunes gens voient aussi l'ascétique
Malcom X, son sobre visage d'intellectuel sous les
petites lunettes; ils verront aussi bientôt l'écrivain
James Baldwin. Tous réclameront pour eux l'héritage
africain qui a été assailli, volé, tous réclameront, au
prix de leur sang parfois, leur liberté, l'innocence de
cette liberté qui a été trahie de siècle en siècle. Eux qui
sont traqués par la police, qui ont déjà pillé les rues
de leur ville, qui seront mis à l'écart dans des péniten-
ciers pour trafic de drogues, eux écoutent et regardent, et leurs yeux sont agrandis par l'espoir. Serait-
ce vrai? Y aurait-il pour eux un avenir meilleur? Dans
les jardins de Harvard, comme sur les rives de la
rivière Charles où, pour son malheur, mon ami Jack
poursuit ses expériences avec les drogues halluci-
nogènes, le message évangélique de Martin Luther
King est entendu aussi; à travers les émeutes, la
sagesse de ce message est écoutée, entendue, comme
la vague d'un océan qui se calme. Beaucoup d'étudiants, comme Jack, participent à la Marche sur
Washington et partagent l'idéalisme, l'humanisme du
grand pasteur baptiste, délaissant momentanément
l'acide et le LSD. Je suis, moi aussi, en cet automne
1963, parmi ces spectateurs de l'écran bleu aux devantures des magasins, lorsque je sors le soir — la
simplicité de mes moyens ne me permettant pas d'ac-
quérir une télévision. Les visages de Martin Luther

King, de Malcom X ont envahi le silence de ma chambre, de même que la force de leurs paroles. Sur ma table de travail, l'étude romancée sur les rapports délicats entre l'homme et la femme est oubliée pour quelque temps. Je note avec un intérêt fervent tout ce qui se passe autour de moi, dans mon quartier, dans cette communauté noire parmi laquelle je vis, et dans cette cellule de travail où personne n'est encore venu, ma solitude prend un sens. Je tente d'écrire bien maladroitement encore, dans un roman sur les différences sociales, ce que je pourrais avoir vu de comparable à la situation des Noirs dans la société québécoise, cela qui me perturbe, même à l'étranger, le monde des usines où j'ai vu tant de jeunes vies s'étioler, s'éteindre pour toujours. (Ce livre qui prendra beaucoup de temps et où il sera question du monde des ouvriers deviendra, d'année en année et en plusieurs volumes, *Les manuscrits de Pauline Archange*.) Les bases de l'ouvrage sont là, dans ces piles de cahiers, sur la table à cartes apportée à Cambridge, mais je ne sais pas encore quelle forme prendra l'écriture. De vertigineux sentiments d'impuissance m'envahissent et je fuis souvent la table de travail, l'inconfort de ma chaise, pour une promenade à bicyclette avec Jack ou l'un ou l'autre de mes amis étudiants. Il est difficile de croire, avec le besoin que j'ai de m'en distraire, que je serai un jour captive de cet art, l'écriture, qui est celui de l'illumination dans le chaos.

Les mots qui me viennent pour décrire l'abaissement d'une classe sociale par une autre (à la fin des années cinquante, au Québec, où une classe est nettement prédominante sur l'autre, celle des patrons sur les ouvriers que rien ne protège et qu'un despote qui gouverne avilit même davantage) sont ternes, ils ont le ton même de la douleur renfrognée que je ressens.

Je me demande ce que sont devenus toutes ces petites filles, tous ces garçons si jeunes, de quinze ans, seize ans, dont les heures de travail, dans de grises usines aux effluves empoisonnées, sont de huit heures le matin à huit heures le soir. Dans le métro où je vois le dos d'un Noir courbé vers les chaussures d'un Blanc qu'il cire, c'est à eux tous que je pense, ces petites filles, ces jeunes garçons d'une race d'esclaves, chez nous, dans mon pays.

Carnet 7

LE PRINTEMPS ÉCLATE dans les rues de Montréal quand je vois Edmund et Éléna Wilson (Edmund est en contact avec des auteurs québécois) dans l'un des bars du *Ritz Carlton*, un jour de mai 1963. Tous les deux m'impressionnent par leur distinction posée, l'affabilité de leurs sourires, le choix de leur habillement, des vêtements anglais aux fins coloris — bien qu'Edmund porte une écharpe beige autour du cou et que le col de sa chemise soit ouvert sur une cravate relâchée sous le pli de sa veste — dans lesquels ils semblent à l'aise comme s'ils revenaient d'une promenade au grand air.

Ils se jumellent gracieusement au décor de l'hôtel, à ses lampes tamisées, en cette fin du jour, contre une tapisserie d'un velours bleu foncé. Je m'inquiète en les écoutant me parler de leur maison de Cape Cod (où Éléna m'invite à venir à l'automne, lorsqu'elle sera seule et que lui manquera sa fille Helen qui ira bientôt étudier en Suisse) de mon air débraillé dans ce chandail trop large que j'ai vite jeté sur mes épaules en quittant ma chambre de la rue Prince-Arthur où je vis avec des étudiants de McGill.

La dame hongroise qui dirige notre pension a des principes sévères, défendant aux étudiantes de recevoir des hommes la nuit, se chargeant aussi de nos communications téléphoniques. C'est elle qui, comme une bonne fée toutefois, frappe à ma porte en me disant que j'ai obtenu la bourse de la John Simon Guggenheim Memorial Foundation; elle me dit aussi qu'Edmund et Éléna m'attendent à cinq heures dans l'un de ces salons du *Ritz Carlton* où ma timidité me rendra si malheureuse dans la balbutiante expression de ma gratitude, autour d'un verre de whisky. Car Edmund et Éléna, qui ont l'air de tout comprendre, qui ont tout lu et discutent de tout, de la musique comme de la littérature étrangère, semblent venir vers moi de ces régions olympiennes d'où on ne peut que les admirer avec quelques élans de colère.

Que connaissent-ils, me dis-je, de l'apprentissage d'un jeune auteur, du monde ardu du travail, des dures conditions de vie — bien que ces duretés s'atténuent depuis quelque temps pour moi, grâce à Louise Myette qui m'initie à la paléographie au palais de justice de Montréal où elle est un pilier de compétence —, ne suis-je pas vite froissée par des réactions que je jugerais mesquines aujourd'hui? Ainsi, me dis-je encore, la fille d'Edmund et d'Éléna, Helen (elle sera quelques années plus tard un peintre très remarqué à New York, parmi les peintres de sa génération), est sur le point d'aller étudier en Suisse, à quatorze ans, à l'âge où d'autres sont assujettis à d'amères et répugnantes conditions de travail, dans les magasins, le soir, après l'école, ou lorsqu'on doit les retirer de l'école pour aider leurs familles, dans ces manufactures où on ne les paie pas même un dollar de l'heure.

Dans quel monde de flagrante injustice suis-je sur le point d'entrer? L'outil de l'écrivain est-il son indifférence, son imperméabilité à autrui ou l'excès (à fleur de peau) de sa sensibilité asservie à toutes les connaissances? Mais Edmund que je compare dès cette première rencontre au puissant (et d'allure débonnaire) chef d'État britannique Winston Churchill ranime vite ma confiance en l'avenir en me disant, avec cette lueur de moquerie dans l'œil: «Vous verrez, cette période de difficultés est finie... Pendant une année, aux États-Unis, vous n'aurez plus qu'à écrire en paix...» Nous choisissons ensemble la ville de Cambridge, près de Boston, à quelques heures de Wellfleet, près de la côte atlantique.

Éléna est d'une beauté saisissante, bien qu'elle ne soit nullement d'un charme conventionnel, avec ses traits forts et irréguliers, les hautes pommettes de ses joues que le froid semble avoir rougies (Éléna aime les sports vivifiants et me dit qu'elle se baigne tous les jours jusqu'à la fin de novembre dans l'océan glacé). Son sourire, lorsqu'elle est contrariée, se crispe sur de magnifiques dents blanches un peu proéminentes; on la sent parfois tiraillée par des pressions intérieures, par quelque devoir obscur qui semble d'ordre religieux (Éléna me dira de son ami le poète Auden qu'il est un saint; elle croira souvent en ce rôle de la sainteté involontaire et profane au sujet de Martin Luther King. Elle croit aussi en cette absolue obéissance que doit vouer la femme à l'homme qu'elle aime; de là découlera une longue altercation entre elle et moi lors de ma première visite à l'automne 1963); mais ce jour-là, dans ce salon du *Ritz Carlton*, Éléna pourrait être une héroïne de Thomas Mann dont elle a la dignité, préservant dans son mystère les secrets d'une vieille Europe aristocratique qui, depuis son exil de l'Allemagne et un passé de lourdes peines, cherche en Amérique du Nord le lieu de sa patrie, ne sachant pas si elle est là vraiment, parmi ces puritains d'une autre langue, cette patrie qui a été perdue avec tous ses enfants.

Les yeux d'Éléna surtout me retiennent, captivent tous ceux qui les regardent et qui jamais ne les oublient: ils sont d'un bleu sombre et profond, ils étincellent d'une lumière qui peut soudain se refroidir, devenir métallique, et leur douceur est hermétique.

Dans ce bar du *Ritz Carlton*, nous levons tous les trois nos verres «à cette nouvelle vie qui commencera bientôt à Cambridge».

Carnet 8

C'EST UN JOUR D'OCTOBRE qui a la luminosité des jours de fin d'été à Cape Cod et une lumière rose baigne les champs, les pommiers, derrière cette maison d'Éléna et d'Edmund Wilson à Wellfleet où je passe quelques jours. On voit, de la grande route qui conduit aux immenses plages de Truro, aux dunes de Provincetown surplombant la mer, la maison de bois blanche (et une maison mitoyenne plus basse qui est la maison des enfants, celle que l'on offre généreusement aussi aux nombreux écrivains qui y viennent pour écrire); c'est une maison dépouillée, austère, dont on referme les volets le soir, à l'heure où le vieux chien gratte à la porte pour rentrer: mais aujourd'hui, on profite encore de l'été qui achève, les volets, comme les rideaux bleus sous les volets, battent dans le vent mou qui vient de la mer, et le vieux chien dort au pied d'un arbre devant la maison.

Dans cette maison où je suis seule avec Éléna (sa fille Helen qu'elle adore vient de partir pour l'Europe, Edmund s'est retiré dans la maison ancestrale très loin de tous pour terminer un livre), j'entends le frottement de nos pas sur le plancher de bois verni dans cette cuisine (qu'on appelle cuisine d'été) où, debout près d'une table à la fenêtre d'où l'on voit les pommiers qui fléchissent sous le poids de leurs branches abondantes, Éléna évoque de sa voix rauque, toujours imprégnée d'une toux râpeuse (elle fume encore excessivement pendant qu'elle prépare les whiskys, le dos long et légèrement voûté au-dessus du comptoir de la cuisine), l'Allemagne éva-nouie de son enfance, ses richesses, ses somptuosités qui sont celles d'un conte; mais Éléna dit qu'il ne faut rien regretter, car il est bien que tout cela ait disparu. Si sa richissime famille n'eut pas fait faillite, peu de temps avant la Seconde Guerre mondiale, peut-être n'eût-elle jamais connu la faim, la pauvreté, mais elle n'eût jamais compris non plus que la vraie vie est dans le dénuement, que c'est là que se cache la foi en Dieu, que le véritable amour est là aussi, dans ces privations extrêmes.

«Et nous, être humains, nous sommes tous si lamentables que nous ne pouvons vivre sans aimer, que nous aimions un animal ou un objet (Éléna dit «Une chaise, nous pourrions aimer une chaise quand nous sommes seuls tant cette solitude nous pèse...»), nous ne pouvons pas vivre sans amour.» Comme elle revient d'un bain glacé dans l'océan, elle frotte ses mains rudes l'une contre l'autre pour se réchauffer; elle a des mains de sculpteur, des doigts vigoureux dont les bouts sont carrés. Ces mains nobles d'Éléna, adroites et efficaces, je me demande si la guerre ne les a pas un peu déformées dans ces tâches inférieures que commande la survie. Ces mains sont rouges comme ses joues que le vent de l'océan a fouettées.

Dans les rayons du soleil couchant qui éblouis-sent la fenêtre vers laquelle Éléna se tourne parfois pour allumer une cigarette (elle n'est pas longtemps immobile, l'immobilité serait pour elle de la com-plaisance, elle va en s'affairant à la cuisine, elle sort un pain du four, arrose un bouquet de marguerites qu'elle a cueillies l'après-midi, le long des routes); ses cheveux d'un blond roux ont des reflets argentés sur les tempes, son ample front révèle son élévation morale, mais il ne semble y avoir en elle aucun orgueil. Pendant que nous vidons nos verres de whisky, je ne sais comment répondre à cette affirmation d'Éléna «qu'il faut placer l'homme plus haut que la femme et qu'une femme doit le respect et l'obéissance à son mari». Je lui dis sans politesse que je n'en crois rien, que de pareilles déclarations sont erronées. (Pourtant, auprès de sa fille Helen qui sera bientôt une hippie flamboyante et une *Flower Child* révoltée, les idées d'Éléna changeront au cours des années.)

Ce qui me tourmente, longtemps après cette conversation avec Éléna dans la cuisine d'été, pendant ma première visite à Cape Cod, ce qui exerce déjà sur moi ses divines attractions, c'est un récit d'Éléna qu'elle prononce par bribes et que je ne sais comment traduire, tant y persistent des mots venus d'ailleurs que voile l'accent germanique, mais je crois entendre encore cette histoire qui me trouble: un jeune Allemand de dix-sept ans, redoutant la montée de l'hitlérisme dans son pays, se noie dans un lac au cours d'une excursion avec des amis. Éléna ne dit pas qui est ce garçon: un frère, un fils, un ami? D'aucun de ses malheurs elle n'ose se plaindre et un douloureux mystère l'enveloppe pendant qu'elle me parle, le visage tourné vers la fenêtre, ses étonnants yeux bleus fixant l'horizon. Que savons-nous des êtres que nous rencontrons? De quels enfers méconnus surgissent-ils? J'imagine la beauté du garçon blond, telle qu'Éléna me la décrit. C'est un jeune dieu, dit-elle, je vois le classicisme de ses traits, la perfection de ce visage sous les boucles des cheveux épars. Est-ce un rêve? Ai-je bien entendu? Ce garçon est-il aussi beau que cet autre qui lui ressemble tant (mais qui est vivant celui-là et américain) dont j'ai vu la photographie en entrant dans la salle à dîner aux murs couverts de toiles et de draperies bleues? Éléna me dit d'une voix soumise aux impénétrables lois du destin: «Croyez-moi, avec tout ce qui allait survenir en Europe, ce jeune homme a bien fait de mourir.»

Carnet 9

ROBERT EST UN JEUNE ÉCRIVAIN NOIR de mon âge: il est boursier, lui aussi, et ses deux premiers livres ont reçu l'éloge de la critique à New York. Je le rencontre chez des amis professeurs à Cambridge, à la fin de ce décisif mois d'octobre 1963, peu de temps après ma visite chez Éléna Wilson et la découverte de ce groupe d'écrivains, d'artistes avec qui j'ai tout de suite senti des affinités.

C'est avec peine que je retourne, après chaque séjour à Cape Cod chez des amis, vers ces rues détériorées de mon quartier à Cambridge où s'accroît la destruction. Je garde longtemps le souvenir des maisons colorées sous les dunes: elles sont bleues, rouges et jaunes comme les maisons des pêcheurs portugais; la luminosité de l'eau si proche les transperce, elles semblent friables, lorsque le temps se couvre, l'océan pourrait les balayer. Un peintre qui porte un tablier bleu encore taché des couleurs de ses aquarelles et qui est coiffé d'un béret vit isolé au bout de ces sentiers de sable dont les corridors se multiplient jusqu'à l'océan; derrière la moustiquaire de sa maison dont la porte est restée ouverte, une femme écrit, seule, les cheveux en désordre: c'est Joan Colebrook, l'inlassable journaliste et écrivain, toujours à la recherche de la vérité, dépistant tous les systèmes sociaux, le mensonge, l'injustice. Il est midi: ses enfants aux cheveux blonds (d'un blond strident sous le soleil) dévalent les dunes jusqu'à la mer où ils effleurent les crabes de leurs pieds nus.

Joan écrit aussi sur son Australie lointaine, et le calme, la sérénité, ne semble appartenir qu'à ce coin du monde, sous les douces collines. Robert, dont l'œuvre a déjà connu un certain succès, rêve d'aller s'établir là-bas, près de Truro où l'attend une femme blanche qui l'aime, me dit-il pendant qu'il me ramène chez moi, rue Broadway, dans sa voiture (celle de son père, me dit-il, car Robert éprouve beaucoup de fierté à être un Noir de classe moyenne dont la famille vit dans la périphérie de Boston, propriétaire de voitures clinquantes).

Aucun espoir ne peut survivre à la misère, à la pauvreté, me dit-il aussi, observant avec désolation dans quel misérable quartier je vis. Il avoue être en colère contre ces enfants du ghetto qui ont recours à la violence. «Tout cela n'apportera que morts et souffrances», affirme-t-il, avec cette modération qui est la sienne lorsqu'il parle de ces jeunes gens encore victimes tous les jours de la brutalité policière dans le ghetto. «Nous ne sommes pas à Alabama, ici, nous sommes en Nouvelle-Angleterre... et ici souffle un vent de liberté... Si nous sommes calmes, nous aurons tout ce que nous voulons, ce n'est que dans le calme que notre peuple peut être respecté comme il le mérite... les Black Panthers vont trop loin, ce n'est pas bon pour nous... C'est Martin Luther King qui a raison... Il faut être non violent... c'est notre seule chance de salut...»

La lutte contre la ségrégation a épuisé Robert qui avoue avoir désormais des préoccupations plus personnelles; il sera, comme son modèle, James Baldwin, l'écrivain de la libération noire officiellement reconnue, il ira vivre avec la femme qu'il aime à Paris, il sera riche, libre, heureux, dit-il, et le ton de sa voix monte rageusement pendant qu'il passe sa main dans son épaisse chevelure crêpue. Il a les mêmes droits que tous les autres hommes, la preuve de cela, me dit-il, c'est qu'on l'a accueilli très chaleureusement (il dit, plus bas, sans aucun préjugé) parmi les colonies d'artistes et d'écrivains de Cape Cod, et comme l'a souligné la critique, son écriture magistrale pourrait être celle d'un Faulkner, d'une Flannery O'Connor... Donc, qu'on le laisse donc libre de vivre sa vie comme il l'entend.

Dans les années qui suivront, je verrai souvent Robert parcourant avec sa compagne, Jane, un peintre, ces dunes de Truro; il sera toujours modéré et indulgent envers notre race, tendre pour la femme avec qui il vit, mais impénétrable sous son sourire vite ombragé. Parfois, il nous rappellera que James Baldwin, né à Harlem, a su donner à la parole noire toute sa dignité, sa majesté; souvent même dans les cocktails, les fêtes, il sera muet aux côtés de Jane.

Un soir, nous dînons ensemble à Orleans, ville de pêcheurs faiblement éclairée par la clignotante lumière du phare, dans la nuit: le décor du restaurant est marin lui aussi, représentant dans sa banale tapisserie l'épave d'un bateau échoué avec ses filets au fond d'une mer de corail. Nous buvons du vin et mangeons des huîtres, et Robert est égayé par la perspective du prochain roman qu'il écrira; il s'attriste soudain lorsqu'il ajoute que ce roman sera inspiré par son enfance; il distrait vivement ma pensée aussi en me parlant de Claude Brown (*A Man Child in Promised Land*) qui est un autre jeune auteur prometteur de sa génération que loue la critique, mais surtout c'est Faulkner qui l'habite, car il trouve en lui un apaisement par le miracle de la littérature au grand malaise interracial.

Robert parle abondamment soudain, il passe souvent dans ses cheveux touffus une main qui s'attarde, comme s'il s'arrêtait pour réfléchir; il est convaincu, me dit-il, que c'est l'imaginaire de l'écrivain qui exprime (plus que la vie elle-même) la réalité de la vie. Il suffit de comparer le morne comté d'Oxford à ce que Faulkner en a fait dans ses livres: Benju, Quentin, Christmas, Temple, les personnages de *The Sound and the Fury*, de *Sanctuary*, de *Absalon, Absalon*, ne sont-ils pas tous issus de cette cité intérieure que Faulkner décrit dans ses livres comme le pays de Yoknapatawpha? De cette même terre hybride viennent les sentiments de leur auteur, l'amour comme la haine et surtout la complète dissidence. Nous nous croyons seuls en ce lieu sauvage, Robert et moi, parlant de Faulkner dans les grondements du vent sur les dunes, dans les lueurs du phare le long de la côte, et soudain la conversation est interrompue par une maléfique rangée d'yeux qui se dardent sur nous. Interdits, silencieux, nous sommes capturés par ces yeux qui aimeraient nous tuer.

Nous avions eu l'illusion, parce que nous sommes en Nouvelle-Angleterre (et pas à Alabama comme le répète Robert), d'avoir franchi la scandaleuse ligne qui sépare encore dans le Sud les Blancs des Noirs, dans les lieux publics. Ceux qui nous regardent avec une hargne aussi dévastatrice nous font vite comprendre combien la distance entre Robert et moi demeure cruelle, combien la route de Robert sera toujours bordée d'obstacles, car nous sommes à l'heure où le rêve de Martin Luther King n'est encore qu'un rêve.

Carnet 10

JE SUIS DANS CE COTTAGE SOUS LES PINS, à Wellfleet, chez Éléna, où chacun est invité à venir écrire dans le silence de la campagne et partout, il n'y a que des livres, comme dans l'autre maison, la souveraine, où écrit Edmund dans une mystérieuse pièce fermée (où il invite parfois à la confidence quelques amis qui lui sont particulièrement précieux), il n'y a ici aussi que des bibliothèques couvrant de larges pans de murs, et sur le plancher de bois les nécessaires objets dont a besoin l'écrivain: une table qui ressemble à un pupitre d'écolier, une chaise droite, une lampe éclairant la page vide, lorsque vient la nuit sur la forêt. Cette pièce de travail est aussi la salle d'étude de Reuel, ce fils d'Edmund d'un précédent mariage avec l'écrivain Mary McCarthy, qui a de sa mère l'élégante ouverture d'esprit, la subtilité psychologique, dans ses contacts avec les autres et qui, comme son père, commence à apprendre l'hébreu. C'est un brillant linguiste qui lit dans toutes les langues. Je ne connais pas encore ce savant jeune homme (qui deviendra plus tard professeur de langues slaves dans une université canadienne), mais j'entre, grâce à lui, dans l'intimité de cette chambre où j'assiste à ce merveilleux déploiement de la littérature étrangère:

Flaubert et Gide, Goethe et Hesse, qu'il lit en allemand, et Gogol et Dostoïevski, en russe. Je ne parviens pas à écrire tant tous ces livres, dans la bibliothèque de Reuel, enivrent l'imagination, exercent sur moi leur hypnotique fascination. Dans ce cottage tout simple se succéderont d'étonnants personnages, Nabokov et, un jour, la fille de Staline peu de temps après son exil et la publication d'un livre sur les monstruosités de l'ère stalinienne. Mais, en cet automne 1963, on peut encore se baigner dans l'océan; les étangs et les lacs qui seront bientôt givrés scintillent dans les clairières, dans ces bois de Truro où vit un couple affolant, Gilberte et Anthony et leur enfant Christophe, qui aura toujours pour moi le visage de l'innocence blessée. Si Anthony et Gilberte semblent faits pour se détruire mutuellement, c'est peut-être qu'il y a chez l'un comme chez l'autre la même impuissance d'aimer; ou bien ce mariage de deux êtres que séparent tant de dissemblances est devenu source d'aliénation, de lassitude harcelante pour les deux.

Je lis depuis plusieurs heures dans la bibliothèque de Reuel quand Éléna frappe à la porte du cottage en me demandant de sortir avec elle, car c'est un automne splendide: dans ces bois de Truro où nous allons, Anthony construit des maisons avec vue sur le lac qu'il loue en été à des peintres. Anthony est architecte et, lorsque je le vois ce jour-là, il transporte Christophe sur une montagne de sable, dans son camion et il me dit combien cet enfant lui plaît avec sa bonne humeur; pourquoi suis-je si accablé et triste, moi qui ai cet enfant toujours joyeux? demande-t-il. Et c'est ce rire clair de Christophe que l'on entend aussi dans l'étang où il se baigne avec moi: debout sur un radeau, à quelques pas de nous, Anthony dit en riant que son fils a bien de la chance d'avoir tout son avenir devant lui quand, lui, Anthony, se sent comme un vieil homme quand il se lève le matin, constamment déprimé. Je ne puis saisir la signification de ces propos d'Anthony qui vit dans des lieux enchanteurs qu'il a lui-même créés, dans ces bois, près de ces lacs, de ces étangs où viennent se poser les hérons bleus: sa vie me semble paradisiaque, sauf que lui et sa femme Gilberte ne cessent de se quereller, Gilberte, surtout, a souvent pour son mari des paroles d'une dureté anéantissante. Cela aussi est incompréhensible, car ces êtres pourraient être unis par leur histoire secrète: lorsqu'il se fâche, Anthony se plaint de l'oppression du judaïsme dans sa vie, de la présence d'une mère écrivain géniale qui l'a opprimé sans le vouloir, mais il est juif et Gilberte, qui a été dans la Résistance pendant la guerre, a sauvé des Juifs, dit-elle. Ils auraient de graves raisons de s'aimer et je crains qu'ils ne se haïssent. J'entends ces mots de Gilberte qui éveillent en moi une inquiétude apitoyée pour Anthony: «Cet homme ne fera jamais rien de sa vie… C'est un faible…» Et lui, si grand, si fort, baisse la tête comme si on lui avait brisé l'échine à la naissance. Je me sens très attirée par Anthony, c'est un homme dont la virilité est séduisante; malgré sa haute taille, la force qui se dégage de tous ses gestes, il est vulnérable, presque fragile. Et nous nous entendons bien.

Gilberte a un visage anguleux, des traits fins; ses yeux sombres sont hantés par une anxiété toujours aux aguets, car elle craint d'être matériellement privée de tout, comme elle le fut autrefois: le souvenir des camps de concentration est toujours proche, le fantôme de la faim ne cesse de rôder autour de la table pleine. Elle se ronge les ongles lorsqu'elle parle de ce passé de massacres, elle fume sans arrêt, elle parle aussi d'elle-même avec des sentiments de fierté victorieuse, car Gilberte a été honorée pour son héroïsme, en France. Mais, dit-elle avec amertume, qui le sait dans ces bois? Pourquoi a-t-elle suivi son mari si loin? Pourtant, de ces maisons superbes que construit Anthony, elle dit: «C'est à moi, ce sont mes propriétés, mes biens...» Il y eut la chambre de Reuel qui débordait de livres: il y a la chambre de Christophe où je viens écrire quand Christophe est au collège, dans le Vermont. De la fenêtre de cette chambre, on voit une tour d'observation troublante que fit ériger Gilberte par son mari, au sommet de l'une de ces maisons sur le lac: dans les cauchemars d'un sommeil agité, on pourrait entendre dans cette tour les pas d'un soldat qui épie l'horizon. Cette pensée est la mienne quand je dors dans le lit de Christophe, quand je regarde ces tours de carton qu'il a élevées lui-même, dans ses jeux d'enfant, ces tours menaçantes qui sont là, près de moi, sur la table de chevet. Christophe dit à son père qu'il sera sculpteur, qu'il sculptera des bijoux et on sent déjà toute sa souple habileté dans le maniement de ces tours, de ces forteresses. Sa chambre est aussi un abri douillet d'où l'on n'entend pas les voix querelleuses des parents et où il peut dessiner pendant ses vacances, sans être vu, ne se concentrant que sur l'élaboration méticuleuse de ces murs qui le protègent. Après ce bain dans l'étang, je le vois qui saute, tout mouillé, dans une avalanche de sable, et le camion de son père l'emporte, vrombissant à travers les bois. Mais ce soir, près du feu, allongé avec un livre sur le tapis, Christophe entendra encore ce malsain sifflement de la dispute de ses parents, se criant l'un à l'autre ces injures: «Je te hais, pourquoi suis-je condamné à vivre avec toi?»

Cela dure longtemps ainsi à travers les saisons, les années: Christophe entre bientôt à l'université, il va étudier la sculpture à New York. Un soir de vernissage, pendant qu'il fête avec des amis une exposition de ses bijoux qui s'annonce triomphale, sa mère l'appelle à New York; Christophe apprend brutalement que son père s'est pendu devant le seuil de cette nouvelle maison qu'il venait de terminer, près du lac. C'est là où apparaît ce courageux visage de Christophe dont l'innocence, la jeunesse sont à jamais blessées. Il retourne chez lui, il console cette mère que les camps de concentration ont durcie et minée. Il la prend dans ses bras. Gilberte dit encore dans son égarement: «Ce sont mes biens… mes maisons, mes bois…» mais elle ne songe qu'à s'évader de ce pernicieux domaine. Il y a toujours cette tour d'observation au sommet de la maison: de la fenêtre de sa chambre, Christophe en voit l'ombre qui tombe comme une croix sur le lac.

Carnet 11

EN CES ANNÉES SOIXANTE où l'absorption rapide, presque spontanée, d'une autre culture me semble une chose si malaisée, car ces années sont sans doute les années les plus tumultueuses de l'histoire américaine, ce qui exige de moi plus de vaillance, de témérité, moi qui en ai si peu alors; ce sont mes rapports avec ces Américains originaux, marginaux aussi, dont je fais peu à peu la connaissance pendant mes voyages à Cape Cod, chez Éléna ou chez Gilberte où je viens pendant les fins de semaine avec mon sac à dos, descendant de l'autobus à Hyannis Port pour sentir sur mes joues le souffle de l'océan. Edmund Wilson, plus que les autres, dans son inexorable érudition, sa vieillesse déjà vénérable (car il a dix ou quinze ans de plus qu'Éléna) me consterne lorsqu'il me dit, en sortant de son cabinet de travail, pour apparaître dans le salon aux tentures bleues où je lis avec Éléna (Éléna se fait un devoir de lire tous les ouvrages que reçoit son mari avant de les lui remettre, aussi je la verrai toujours la tête penchée sur un livre), un sourire amusé flottant sur son visage rond: «Et si vous veniez dans mon bureau, nous pourrions bavarder un peu.» En entendant ces mots, je sombre dans le désarroi: de quoi allons-nous parler, comment puis-je converser avec ce critique éminent qui, encore une fois, soulignera les défauts de mon style? («Il faut que ce soit plus serré, dira-t-il, pensez à la poésie de Rimbaud, il est jeune, mais c'est très serré. Resserrez davantage, le flot n'est pas assez maintenu, dirigé.») Edmund et moi n'entendons pas la même musique; c'est à peine, me dis-je, s'il est conscient des débuts éclatants de la révolution féministe en Amérique du Nord. Sa génération d'hommes est soupçonneuse de la femme, sous l'aura du puritanisme, elle n'est plus qu'un être dévoyé, pervers; c'est la femme de Baudelaire aussi, d'essence chrétienne, la femme toujours coupable qui met l'homme chaste, vertueux, en état de tentation.

J'ai envers toutes ces conceptions d'Edmund, bien que je ne fasse que les pressentir, une naturelle répulsion. Mais, aujourd'hui, Edmund est dépourvu de cette vanité masculine: vêtu de son kimono pardessus un habit brun un peu râpé, il vient gentiment vers moi, me tendant la main avec courtoisie pour m'entraîner dans son cabinet de travail, cette pièce de pénombre et de silence, devant laquelle se taisent ses enfants et se retire sa femme, comme devant un sanctuaire, où il est quand même permis au vieux chien (parce qu'il est si vieux *the poor old boy*) d'entrer. Dans les balbutiements de mon ignorance, lorsque je vois Edmund enfoncé dans sa chaise victorienne, pressant contre son cœur une bouteille de scotch (dont il me sert un verre rempli jusqu'au bord, moi qui suis dans la période la plus ascétique de ma vie et bois très peu), me disant qu'il dormira mieux, fera de beaux rêves, cette nuit, lorsqu'il l'aura toute consommée, cela, me confie-t-il d'un air coquin, s'il peut échapper à la surveillance d'Éléna. Comment sa femme peut-elle lui défendre une boisson si bonne pour son cœur? Lorsque je le vois aussi charmant, détendu, mes craintes me semblent absurdes, c'est un jour où il ne me parlera pas de mon style ni des jeunes écrivains qui n'écrivent qu'un seul livre dans leur vie, surtout les femmes, et qui meurent ou se marient. Il me rassure tout de suite en me parlant des livres que lit sa femme, «en ce moment, de la philosophie théologique, ce que je n'aime pas du tout lire, dit-il d'un ton volontaire. Ma femme lit aussi Lautréamont, je ne l'aime pas... en général je n'aime pas non plus les surréalistes, à part deux ou trois peintres, quant à l'œuvre de Gracq dont vous me parlez dans votre lettre... je ne la connais pas encore... Vous avez eu le temps d'écrire une pièce de théâtre à Cambridge, vous me l'enverrez n'est-ce pas? Si je n'ai pas le temps, je la ferai lire à ma femme d'abord...» Car Edmund va partir pour Israël dans quelques jours et son essai sur la littérature canadienne paraîtra très bientôt. Il voudrait quand même célébrer Noël avec ses petits-enfants et leur montrer les marionnettes qu'il a ramenées d'un voyage au Japon.

Parmi les livres d'auteurs québécois qu'il a lus récemment, il cite avec admiration *Pierre le magnifique*, de Roger Lemelin (il dit: «Un livre vivant et aimable, mais je ne comprends pas le héros du livre.»), *Poussière sur la ville*, d'André Langevin, il commence la lecture des *Chambres de bois*, d'Anne Hébert dont il est très curieux. Il lit avec passion *Alexandre Chenevert, La petite poule d'eau, Rue Deschambault*, de Gabrielle Roy, touché par l'humanisme de ces romans; il me recommande fermement de lire Walter de La Mare, il dit «c'est un auteur auprès de qui vous trouverez des similitudes»; trois titres de ces nouvelles se succèdent dans mon esprit, *The Almond Tree, Out of the Deep, The Riddle*. Auprès d'Edmund dont la vie est tissée de tant d'occupations, de voyages, de départs, il faut vite assimiler tout ce qu'il me dit de lire, car ces titres de

Walter de La Mare, lors de notre prochaine rencontre, reviendront en inquisiteurs, dans le cabinet de travail du docteur Faust. Edmund me demandera: «Avez-vous lu ces auteurs que je vous ai dit de lire? Qu'en pensez-vous? Vous vous souvenez de ce poème de Housman que j'aime tant: *Be still my soul, be still...* Je le lis le soir...» Souvent, ces conversations auront lieu en fin d'après-midi, quand le soleil se couche sur les dunes, en hiver, à l'heure où ronfle le vieux chien parmi les livres à reliure ancienne, quand coule le scotch parmi les glaçons dans les verres, et que s'empare de moi l'affligeant désarroi de me sentir soudain si loin et si seule. En ouvrant cette porte qui me sépare du salon, je retrouverai ces intimes amis d'Éléna qui viennent presque tous les jours à six heures, le prince Paul, la princesse Nina d'un tsarisme fantôme que reçoit Éléna dans son affection; malgré son âge avancé, son apparence frêle, cassée, Nina fait des ménages pour survivre, dit Éléna, c'est aussi sa seule façon d'aider Paul qui écrit un livre sur le tsar Nicolas et la destruction de la famille Romanov, cette famille dont Nina est la descendante, avec ses pompes et ses richesses, elle qui n'est désormais qu'une ser-vante, dans ces foyers américains de la côte atlantique. «Car c'est cela la sainteté profane, dit Éléna, c'est par cela que certains êtres doivent passer. Quel chemin de peines, et quelle douleur...» Nous sommes tous égaux dans ce salon aux tentures bleues où se calme ma frayeur de ces autres aussi désemparés que moi, même si leur histoire est plus longue, vétuste même parfois. Le cabinet de travail d'Edmund est encore éclairé, il écrira toute la nuit, il entendra ces mots du poème de Housman, en écoutant les battements désordonnés de son cœur malade, pressant la bouteille de scotch contre son cœur, il entendra dans sa solitude: *Be still my soul, be still...*

Carnet 12

C'EST UN JOUR DE GRISAILLE en novembre 1963, j'écris depuis le matin, mais en luttant avec les mots, sans trop comprendre le sens de ce que je fais, comme cela peut arriver au début d'un récit, d'un roman où une multitude d'idées, d'images se chevauchent, dans une clarté diffuse; ce qui m'inquiète le plus en ce jour gris, c'est l'atmosphère de fébrilité qui se répand autour de moi dans les rues de Cambridge, rue Broadway surtout où une foule de jeunes voyous s'agglutinent aux devantures des magasins, se chamaillent tout en dévorant des yeux l'écran bleu des télévisions qui transmet à la population l'arrivée du président Kennedy à Dallas. Je suis seule dans ma chambre et j'écris, secouée encore par ce piétinement de la foule dans les rues; que nous arrivera-t-il donc aujourd'hui? La Terre ne va-t-elle pas éclater? Une incompréhensible fureur semble gronder autour de moi et la fluidité des mots, des phrases, se dérobent de moi comme un visage qui se cache dans la peine. D'un geste maladroit, je heurte tous les objets sur ma table de travail, un crayon, un livre glissent de mes doigts, le médaillon que je porte à mon cou se casse, tombe à mes pieds dans un bruit éteint, car en revenant de la bibliothèque de Harvard à bicyclette, j'ai entendu la funeste nouvelle à la radio, je l'ai lue sur les lèvres des garçons noirs en passant parmi eux: je suis submergée à mon tour par cette vague de terreur devant laquelle l'âme désemparée affronte dans le malheur son propre néant.

Qu'allons-nous donc tous devenir? Dans quel monde d'ultimes calamités vivons-nous? Dans toutes les maisons d'Amérique du Nord, chacun écoute, sidéré, le fracassant message des radios, des télévisions, émettant dans le brouillard de novembre la sinistre nouvelle, car ce jour-là, chacun sent passer sur son cœur ce frisson de la fin du monde.

Et pourtant, ce frisson nous l'éprouverons plusieurs fois encore, pendant ces années de démence sanguinaire, et peu à peu peut-être, nous serons indifférents au trouble, au puissant désordre auxquels il nous livre.

Je ne puis demeurer un instant de plus dans cette chambre, il me faut vite retrouver les autres, me perdre dans la foule éplorée. Je mets mon manteau — c'est une canadienne beige avec un capuchon, achetée au magasin des étudiants, dans laquelle je me sens impersonnelle; tout le monde s'habille ainsi autour de moi —, les groupes de jeunes gens sont agrippés dans un état de stupeur à l'écran bleu des télévisions aux devantures des magasins dont plusieurs sont détruits; les voitures des policiers rôdent autour de nous dans la nuée funèbre de ce jour où semble monter de la terre de la fumée et du sang et nous nous précipitons tous les uns contre les autres, quelles que soient notre langue, notre race, en demandant sans y croire: «Est-ce vrai? Est-ce vrai? Avons-nous bien entendu ce qu'ils nous disent?» Et chacun apprend de l'autre, oui, que cela est bien vrai. Dans les écoles, les collèges, on interrompt les classes pour dire aux élèves, oui c'est bien cela qui est arrivé, nous n'y pouvons rien, c'est un grand malheur. Sur le campus de l'Université de Harvard, des étudiants enlacés pleurent dans les bras les uns des autres, on pleure partout dans les cours des écoles, dans ces rues de Cambridge, de Boston, où déferlent ensemble des Blancs, des Noirs, unis par un même deuil soudain et brutal; des visages, des corps ployés gémissent de douleur sous le choc que chacun vient de subir. C'est un jour où ce Dieu que l'on prie dans les églises, les temples, un jour où ce Dieu véhément de la Bible a frappé les hommes, ne les a pas épargnés.

Jack qui erre comme tous les après-midi près de la rivière Charles où il peut absorber son acide sans être vu, entre deux cours, me dit d'un air hagard, en frissonnant de froid dans son imperméable, ses cheveux en queue de cheval couvrant sa nuque de leurs boucles sales, car depuis quelque temps Jack néglige beaucoup son apparence et l'argent que lui envoient ses parent de l'Ohio ne lui servant plus qu'à se procurer des drogues, son allure est souvent celle d'un misérable, Jack me dit dans le tremblement de tout son corps ému: «Le président Kennedy a été assassiné. C'est la fin de ma jeunesse... Le président Kennedy a été assassiné aujourd'hui et, à Dallas, il faisait soleil... J'ai entendu résonner les trois coups de feu qui l'ont tué et moi aussi je suis mort...» Je me souviens pourtant que Jack n'approuvait pas la politique du président Kennedy, qu'il le jugeait responsable de l'escalade de la guerre au Viêt-nam, mais ce même Jack qui condamnait l'aveuglement d'un homme au pouvoir comprend soudain celui qui n'était que John F. Kennedy pour les siens, un être à la fois charismatique et familier, car dans toutes les familles américaines, on voit sa photographie; cette présence d'une intime vigilance d'un jeune président qui est très aimé dans tous les foyers, je la retrouve aussi chez Éléna, dans sa cuisine d'été; souvent Éléna regarde avec admiration, déférence, ce cadre au milieu d'un mur d'où le président sourit de son sourire sain et loyal, comme s'il était là, dans le secret des familles, comme un ami, un frère, un homme de bonne foi qui, malgré ses erreurs, recherche la coexistence pacifique entre les nations; mais sous le sourire des mâchoires crispées du jeune héros, on ne sait pas non plus quels sont les desseins de cet homme ambitieux et stoïque, dans ses souffrances physiques.

Pendant ces implacables années soixante, le peuple américain sera souvent dans les rues versant ces larmes qui coulent encore vingt-neuf ans après lorsque le souvenir du défunt président est honoré à la télévision, dans les journaux. C'est qu'on se souvient aussi avec la même colère de l'assassinat de Martin Luther King — par une perfide ironie du sort, c'est le tendre Robert Kennedy si proche des Noirs qui annonce à Washington la nouvelle de l'assassinat qui vient d'être commis, ironie sans pitié quand, si peu de temps après, le frêle Robert, celui qui avait encore la probité de son idéal, succombera à son tour sous les balles. C'est un jour de grisaille de novembre 1963, sur le campus de Harvard des jeunes gens crient: «Mon Dieu, comment allons-nous vivre dans ce pays violent? Comment allons-nous survivre à tant d'horreurs?» Nous marchons dans les rues, étourdis, honteux de cette société dans laquelle vont bientôt se reproduire tant de meurtres, où les meurtriers se tuent même entre eux — comme on le voit directement à la télévision avec la mort de L. Oswald. Pendant ces jours de deuil et de tueries, ces figures de femmes, veuve d'un président, d'un pasteur, sous leurs voiles noirs, viendront tourmenter notre mémoire; dans ces femmes, chacun reconnaîtra un peu de son chagrin. Nous porterons avec elles le fardeau de la séparation, elles incarneront aussi pour la jeunesse la maternité qui pleure, celle qui met au monde la vie, et non la mort, la violence qu'a engendrées l'homme.

Carnet 13

QUI SONT-ELLES? Mary Meigs, Barbara Deming. Pendant mes brèves visites à Wellfleet, chez Éléna, comme à Truro dans la maison de Gilberte et d'Anthony près du lac, leurs noms sont souvent mentionnés devant moi, de même que la nature exceptionnelle de l'amitié qui les lie depuis des années et la force de leurs caractères pourtant si différents l'un de l'autre. Pendant cet été 1963, comme elles le feront tous les étés, elles se sont éloignées de ces bruyantes dunes de Cape Cod peuplées par les touristes, en cette saison, pour vivre dans l'isolement d'une vieille maison de ferme, laquelle est privée d'électricité; mais comme d'autres artistes venus de New York, les peintres Henry et Anne Poor, le peintre Bill Coming qui ont fondé l'avant-gardiste école de peinture The Skowhegan School of Painting où j'entendrai pour la première fois la musique de John Cage, où je le verrai lui-même dans l'invention spontanée de cette musique dans la grange où se réunissent le soir les jeunes peintres avides d'expériences nouvelles, en musique, en peinture, comme eux tous, Barbara et Mary sont attirées par le silence d'une vie pastorale où, dans les bois, les champs de ces régions reculées, encore ignorées de tous, des

fermes délaissées, des débris de cabanes se métamorphosent en ateliers d'écriture, de peinture, de
sculpture, où veille la nuit une lampe à l'huile au
carreau d'une fenêtre brumeuse; car il pleut beaucoup dans le Maine et dès la tombée de la nuit ruis-
sellent dans la chaleur ces gouttes de pluie sur les
champs, et le voile d'une brume distillée qui se lève
peu à peu. Pourtant, lorsque je vois les maisons de
Mary, de Barbara, l'une rouge, l'autre jaune, nichées
dans les collines d'une petite route de campagne
appelée Pamet Point Road, par laquelle on peut
descendre à bicyclette jusqu'à la baie de Truro, j'imagine la spirituelle ivresse de ces deux femmes sur ces
collines où fleurissent les roses, parmi leurs travaux,
leurs chiens et leurs chats; je crois ne pouvoir rien
imaginer de plus beau, de plus noble, que cette sorte
de liberté où, dans un même accord à deux, chacune
s'absorbe avec passion et ferveur, avec toute la
fougue de son individualisme, dans la fièvre de la
création. Car je sais que Mary est peintre et Barbara,
écrivain, je sais aussi qu'elles vivent sans aucun
compromis avec la société qui les a vues naître, une
société libérale peut-être, celle de la *high* ou *middle
class* américaine — celle dans laquelle Henry James a
grandi, mais qui conserve, malgré sa libéralité, des
principes encore archaïques vis à vis des femmes. On
le dit alors sans honte — comme on le dit des Noirs
—, la femme est un être de troisième classe, *a third
rate citizen*. La façon de penser, d'être, de Barbara et
de Mary, en femmes indépendantes, prouvant
qu'elles peuvent vivre sans homme, est plus que
progressiste; pour ceux qui les entourent, c'est une
provocation qui choque. Et de cela, je me réjouis: il y
a enfin dans ces régions trop conformes de la riche
société d'artistes de Cape Cod des voix singulières
que je peux entendre et qui refusent de se soumettre.

Il ne me vient pas à l'esprit que cette liberté qu'ont acquise Mary et Barbara soit un droit ardu à défendre, pour une femme. Je verrai avec les années combien ce combat est de longue haleine. Je n'aurais pourtant qu'à me référer à cette conversation avec Edmund sur Virginia Woolf, lorsque nous étions assis ensemble, sur ce banc, dans un parc, et que je voyais l'un de ses lacets de soulier dénoué dans l'herbe, à nos pieds; ce jour-là, Edmund me disait: «Je vous ferai faire la connaissance de deux femmes extraordinaires, Mary et Barbara. Vous verrez que le monde de Virginia Woolf est encore près de nous. Je pense quand même comme Hemingway à ce sujet: je crois que les seules relations viables sont les relations entre l'homme et la femme. Seules ces relations sont souveraines. Tout le reste, disait-il en parlant de Gertrude Stein, les amours entre les gens de même sexe ne sont-elles pas comme un gant fait pour la main gauche qui est porté par la main droite? Cela dit, comme l'a remarqué ma femme, Barbara qui est l'un de nos poètes activistes les plus radicaux dans ce pays, ce qui nous inquiète tous beaucoup pour Mary, car elle est souvent emprisonnée, Barbara, pour parler comme ma femme dont les jugements sont souvent faussés par la foi, mais ici elle a raison, Barbara est une sainte, et je puis dire personnellement que je ne connais rien de la vie privée des autres, mais bien sûr dans notre communauté pourtant habituée à une certaine largesse d'esprit, nous sommes tous un peu étonnés de voir des femmes vivant sans homme... Deux femmes attirantes comme elles le sont toutes les deux et qui n'ont pas même cinquante ans. Cela nous intrigue, j'espère qu'elles sont heureuses ainsi. Mais j'en doute... c'est avec l'homme et auprès de ses enfants qu'une femme trouve sa plénitude.»

Les remarques de Gilberte seront aussi du même ordre: «Elles me rappellent deux amies inséparables que j'ai connues dans les camps de concentration, qui furent inséparables même au moment de leur mort... Je me disais, les malheureuses, elles vont être fusillées sans avoir connu l'amour d'un homme... et souvent je pense à ces deux jeunes femmes lorsque je vois Mary et Barbara.»

Lors d'un déjeuner à Cambridge avec Mary, peu de temps après la conversation sur Virginia Woolf, Edmund est si attendrissant auprès de Mary, d'une douceur si bienveillante, que je vois en lui un homme adorable, d'un charme fou avec les femmes. Je vois même en lui un homme qui peut changer, que la présence constante d'une femme comme Éléna a déjà beaucoup affiné. Mary est si timide que j'ose à peine la regarder ce jour-là. Edmund est là, réconfortant, nous parlons français et de cette exposition des autoportraits de Van Gogh que nous irons voir au Fogg Museum.

C'est devant l'un de ces tableaux de Van Gogh que Mary me parle de sa propre peinture et d'une suite d'autoportraits qu'elle reprend sans fin dans son studio; bien qu'elle n'en soit jamais satisfaite, chacun de ces dessins, de ces tableaux, est une révélation inachevée d'elle-même qu'elle poursuit; cette intransigeance me touche, les teintes ocre et or des tableaux de Van Gogh captivent mon regard pendant que Mary me parle de son travail, de ses luttes solitaires dans le studio de la maison rouge, sur la colline. Elle se lève très tôt, dit-elle, apprend l'espagnol, commence la lecture des poètes Gabriela Mistral et Rosalia Castro, peint toute la journée, étudie aussi le piano et la flûte le soir; elle est flûtiste dans l'orchestre symphonique de Provincetown. Je sens en elle un esprit vaste et sans frontières, les teintes ocre et or des tableaux de Van Gogh, ces obsédantes couleurs tournoyantes comme les soleils du peintre halluciné se pressent autour de nous, autour de ce visage de ' Mary, dans la pénombre, dont je ne vois qu'une frange de cheveux sur un large front.

Carnet 14

C'EST UN HIVER GLACÉ et humide à Cambridge, il neige à peine, mais la pluie givre les rues où nous circulons à bicyclette. J'écris de longues heures dans ma chambre, ou, lorsque le froid m'en empêche, je vais à la bibliothèque de Harvard où les étudiants contemplent la lourdeur de leurs travaux la tête entre les mains, parmi leurs livres de recherche.

Mary me téléphone souvent et s'inquiète de mon confort dans ce sous-sol qui n'est chauffé que par un calorifère défectueux qui répand peu de chaleur. Elle m'apprend avec tristesse que Barbara a été incarcérée dans la prison de Birmingham, arrêtée lors d'une manifestation massive avec ses amis contre le racisme dans le sud des États-Unis.

Nous sommes en cet hiver 1963 où la voix d'un dictateur raciste tel que Wallace se fait entendre à la télévision. Il semble inconcevable aujourd'hui qu'un être si pernicieux proclamant le refus à l'intégration raciale ait pu non seulement être entendu, mais aussi encouragé, acclamé par l'ambiance ségrégationniste de l'époque. Depuis 1961, Barbara a participé à plusieurs marches pour la paix, de même qu'elle a été l'une des premières activistes de race blanche contre le racisme. En 1963, des écoles, des collèges noirs sont bombardés à Birmingham, des enfants sont tués, des étudiants noirs sont assassinés dans les rues. Aux devantures des magasins, l'écran bleu expose aux délinquants du ghetto de mon quartier la cruelle éloquence de Georges Wallace incitant son peuple à l'extermination de leur race. Car sous l'hypocrisie de ces discours où le nom de Dieu est souvent prononcé, il y a une véritable haine des Noirs et une véhémente provocation à la violence.

Comment écrire autre chose que l'injustice ressentie quand on vit dans une atmosphère si chargée de rumeurs de guerre, de brutalité, de racisme aussi outrageusement exprimé? J'essaie pourtant d'écrire tous les jours, et ce geste me paraît le seul geste décent et utile que je puisse accomplir pendant ces mois d'appréhension où les étudiants sur tous les campus américains manifestent leurs craintes de la guerre au Viêt-nam.

Les portraits que je tente de tracer dans mes carnets sont pris sur le vif pendant mes séjours à Cape Cod; ils ne sont que des esquisses peu approfondies, mais je ne veux rien perdre de l'intensité de ces instants que je vis où tant de visages, soudain dans ce nouveau pays, me montrent quelques-uns de leurs traits plus nuancés et plus secrets, à mesure que je m'approche d'eux pour en dessiner les contours. Il y a la beauté d'Éléna, l'élan de sa foi candide lorsqu'elle me parle de cette sainteté qu'elle respecte chez les êtres les plus humbles, cette force de sainteté que j'appellerais, moi, lorsque je discute avec elle dans la cuisine d'été de sa maison de Wellfleet, une lutte légitime pour survivre dans la dignité à tous les maux, toutes les séparations, tous les arrachements que nous devons subir le temps du passage d'une vie sur la Terre, mais surtout sa beauté est comme un halo doré sur toutes ces paroles qu'elle dit, chacune étant frappée par son accent un peu raide, comme un chant dont l'émotion est contenue, le laisser-aller sévèrement réprimé.

Pourtant je me rebelle lorsque je vois cette femme dont la culture est si étendue et diverse se taire avec modestie en présence de son mari dont elle vénère la stature intellectuelle, qu'elle admire tout simplement aussi parce qu'il est un homme. Cette même révolte, je l'éprouve aussi lorsque je surprends Gilberte à parler durement à son mari; je vois en Anthony un homme incompris dont la fierté est sans cesse bafouée, meurtrie; avec quelle méfiance son regard charbonneux aux reflets jaunes comme celui des félins, avec quelle gêne ce regard se promène sur Gilberte, lorsqu'il entend ce qu'elle pense de lui. Toutes, elles l'ont offensé, ces femmes, sa mère, ses sœurs avec leur insolence, et maintenant Gilberte, cette femme qu'il a ramenée de France et qui ne cesse de le narguer avec son héroïsme pendant la guerre quand elle languit toute la journée dans son domaine, près du lac, allant d'une propriété à l'autre, dans son oisiveté plaintive, car elle se plaint tout le jour de sa pauvreté, quand Anthony se tue au labeur, construisant ses maisons de ses propres mains, espérant la rendre riche.

Il y a Robert, l'écrivain noir qui longe les dunes de Truro, avec Jane à son bras; on chuchote dans le village que cette femme de vingt ans l'aînée de Robert souffre d'un cancer, on dit à voix basse, pendant les cocktails dans les maisons de bois qu'illumine un feu de cheminée, «c'est affreux eux qui s'aiment tant». Le mal mystérieux qui ronge cette belle femme sensuelle au bras de Robert, qui ne la quitte pas un instant, qui l'accompagne chaque semaine à l'hôpital de Hyannis Port, ce mal est voilé par l'inébranlable détermination de vivre de Jane.

Plus près de moi, ici, à Cambridge, ma bicyclette effleure la bicyclette démantelée de Jack sur la patinoire des rues. Depuis la mort du président Kennedy, Jack n'assiste presque plus à ses cours à l'université, il est souvent seul, il est transi de froid dans ses vêtements, sur sa bicyclette virevoltante, le long des trottoirs, il porte l'imperméable qu'il portait en été et dont le tissu est râpé. «Mes parents ne veulent plus m'envoyer d'argent, dit-il, je n'ai pas mangé depuis trois jours, peu importe, je n'ai pas faim.» La sueur coule sur le front de Jack, il lui faut absolument se procurer du LSD aujourd'hui sinon il va se jeter dans la rivière Charles. Sa vie est infernale, dit-il, personne ne veut l'aider, même les centres de désintoxication ne veulent plus de lui, car il retombe toujours dans ses habitudes, il répète dans un monologue décousu qu'il aimerait fonder une famille, avoir une femme, des enfants.

Jack est l'un de ces visages qui me peinent, je ne sais si je dois le fuir ou l'inviter à prendre un café avec moi, je sens aussi qu'il n'est pas responsable de l'abandon de son destin: comme tant d'autres, il est victime d'une euphorie dont on vient tardivement de découvrir les dangers. La consommation du LSD est désormais interdite.

Un ami du Québec qui part pour un tour du monde vient camper chez moi avant Noël et, lorsqu'il dépose sur une chaise son sac à dos, le désir me saisit, presque pressant, de partir avec lui; ma vie dans cette chambre froide, dans ce pays dont je condamne la politique, les aberrations guerrières qui vont bientôt nous encercler tous, me semble n'être pas la vie que je choisirais pour moi-même.

Dans cette confusion où tournoient mes pensées auprès d'un ami familier dont je sais tout, mais peut-être trop de choses, un coup de téléphone de Mary qui me dit sa joie d'avoir peint un tableau, aujour-d'hui, «c'est un autre portrait dont les couleurs chantent, dit-elle, et ce n'est pas fréquent que je voie chanter les couleurs, c'est donc un bon jour malgré tout, demain je retravaillerai l'expression du visage qui est trop boudeuse, je n'aime pas le pli de la bouche». Cette voix de Mary, son lent débit, incertain de soi, au bord de la mélancolie, me convainc sans aucune hésitation soudain de rester là où, sans que je sache comment, un ange bourru appelé Edmund m'a, dans ces plis de la vie américaine, dans leurs ténèbres comme dans leurs scintillements d'espérance et de lumière, guidée, enfermée là dans ma cellule de travail à Cambridge.

Carnet 15

SOUVENT, PENDANT CES PROMENADES EN HIVER près de l'océan avec Éléna qui se baigne tard en cette saison, il est question de ce lien culturel que nous éprouvons toutes les deux pour l'Europe. Cette Europe aristocratique, celle qu'Éléna connut avant la Seconde Guerre mondiale, n'est pas celle que j'ai connue pendant un séjour d'un an en France, à vingt ans, parmi d'autres boursiers venus du Canada, acteurs, peintres, étudiants à la Sorbonne qui commençaient leurs études de doctorat. Mais Éléna aime la France, la littérature française et est curieuse de savoir comment l'on est reçu comme écrivain à l'étranger, à ses débuts modestes, à Paris. Est-ce ce jour-là qu'elle exprime son malaise devant la pensée de Simone Weil, «morte trop jeune», dit Éléna, quand pour moi, la jeunesse de Simone Weil, la fraîcheur de son émancipation spirituelle, sa recherche de Dieu qui est faite de doutes, de recul et de retraits devant l'autocratie des Églises, la rigidité de leurs principes, sont le privilège de cette vie qui est encore à l'état d'offrande ou qui hésite entre l'offrande à la joie de la vie et la torture de la conscience que viendra lui infliger la guerre. J'évoque pour Éléna, tout en craignant de l'effaroucher par l'aspect amoral que prend souvent la liberté des jeunes dans les années soixante, aux yeux d'une femme qui croit encore en l'existence du péché, ma cohabitation avec mes amis dans un hôtel de Paris, l'hôtel *L'Aiglon*, à Montparnasse, où par la miraculeuse tolérance de nos hôteliers, et aussi parce que les Canadiens sont alors très aimés par les Français, nous pouvons tous être logés pour une somme de soixante dollars par mois. Il y a la chambre des garçons, la chambre des filles, laquelle inclut une cuisine et une salle de bains et nous arpentons l'une et l'autre avec nos bouteilles de vin, nos sandwiches et nous partageons le même bidet, cet objet incongru pour nous, pour la lessive souvent rejetée en amas hebdomadaire sur le carrelage. Nous avons un peu de mal à vivre, nos moyens sont restreints, mais Claire-France dirige l'économie de notre maisonnée où chaque jour les francs sont comptés dans la tasse commune pour l'achat de la nourriture. Il y a plusieurs jours sans viande auxquels résistent en grognant Marc, Jean, André, François, mais les fèves vertes, le poisson sont aussi excellents pour ces garçons dont la croissance n'est pas finie bien qu'ils me semblent tous si forts et musclés à l'exception de Marc, le fiancé de Claire qui a, dit-elle, l'allure dégingandée du Grand Meaulnes. Claire-France appartient à cette éclosion de jeunes auteurs féminins prolifiques; elle a été très remarquée avec son premier roman, *Les enfants qui s'aiment*, comme l'est en même temps à Paris Françoise Sagan avec son merveilleux et lucide *Bonjour tristesse*, comme l'est aussi une enfant dont la voix enchante le monde, avec des vers nostalgiques d'un Ailleurs qui pourrait être l'intemporel paradis des *Illuminations* de Rimbaud. Ces voix de femmes, de jeunes filles, sont écoutées soudain, les éditeurs ne comprennent pas leur délicatesse, leur exquise sensibilité qui repose de la lasse écriture des hommes, des guerriers, des combattants, mais ces prodiges d'un autre temps, venues du souterrain de l'âme féminine dans un éclat de perles, cette littérature peu compatible avec l'autre, plus pesante, éveillent l'intérêt financier des éditeurs qui, soudain, veulent nous publier, même si nos livres sortent presque tout crus de l'adolescence et de ses sauvageries. Pourtant nous leur ressemblons bien peu. La précocité de Claire en ces milieux mondains de l'édition parisienne nous soutient pendant un cocktail, une rencontre avec un grand éditeur parmi sa famille dans son jardin seigneurial; elle me dit comment me tenir, me prête une robe en soie fleurie dans laquelle je me sens odieuse, dont j'entends les froissements sur mon dos, mais il faut sortir victorieuse de l'épreuve. Claire a cette intransigeance à mon égard, et si je me sens endolorie par cette nuit de mon ignorance de jadis, par mon inadaptation à tout milieu littéraire, quel qu'il fût, une pâle lumière me ramène dans ce jardin, pendant ce déjeuner avec la famille Flammarion: c'est le souvenir d'une femme blonde tressant une gerbe de fleurs avec son fils en culottes courtes et qui nous souhaite la bienvenue d'un signe de la tête lorsqu'elle nous aperçoit dans l'allée, Claire et moi, Claire dont le pas est intrépide, qui bondit joyeusement dans les allées du jardin pendant que volent autour de son visage ses boucles brunes. Mais si Claire a comblé les vœux de ses éditeurs par une vente de milliers d'exemplaires de ses livres, ce n'est pas là l'aventure qui m'attend; ce premier roman méritera une médaille de l'Académie française, prix de la langue française pour un premier roman, je crois, mais ses ventes seront si minces que M. Dickerman, notre éditeur littéraire, en sera attristé. J'aurai quand même un chèque de près de trois cents francs, ce qui me permettra de voyager à travers l'Europe en auto-stop avec Louise, une amie comédienne, de dormir dans des fermes du Jura, de vagabonder jusqu'à Venise; le bon directeur littéraire, pour me consoler encore, m'invitera dans sa vieille Volkswagen dont croulent les sièges et geint le moteur, dans un pélerinage à Chartres et, le dimanche suivant, bien que ces dimanches me semblent si longs et précieusement ennuyeux, à la cathédrale de Reims. «Et ainsi, me dit-il, ma chère enfant, ce sera pour vous d'une grande culture.»

Mais j'ai beaucoup lu Gide, et peu à peu l'œuvre de Gide de même que celle de Proust deviennent de fréquents sujets de conversation entre mon ami et moi. Lorsque je serai mise de côté, un dimanche, pour une visite chez un filleul qui étudie la philosophie dans un collège en province, l'ami qui me parlait si finement de Gide me manquera soudain beaucoup, dans la fadeur des dimanches parisiens où mes camarades et moi flânons sans argent, ne pouvant même aller au cinéma; les garçons sont chez leurs maîtresses, ils racontent leurs prouesses le soir devant l'assiette de poisson trop cuit, gélatineux, les fèves vertes sans saveur. Claire et moi tapons sur la machine à écrire blanche que nous partageons tour à tour, mais les dimanches nous laissent désemparés, chacun à ses pensées devant un café froid.

Puis c'est sans doute à cause de l'écriture de Minou Drouet qui m'éblouit, même si c'est peut-être la fulgurance d'une inspiration fugitive, comme si cette petite fille voulait nous faire entendre le son des clochettes célestes et puis disparaître comme elle est venue, que j'ai l'audace d'écrire au professeur Pasteur-Valléry-Radot, surtout pour le féliciter d'avoir compris la clarté de cette voix enfantine qui a la gravité parfois d'une voix de prophète, et pendant quelques années nous nous écrirons, en 1960, nous nous verrons plusieurs fois, et parmi tous ces êtres venus d'autres âges, d'autres cultures, commencera sans doute mon éducation européenne.

Nous sommes en hiver 1963, ce sera bientôt la Nouvelle Année, c'est le dernier bain d'Éléna dans ces vagues déjà frigides de l'océan. En sortant de l'eau, elle s'enveloppe dans un rugueux chandail de laine dont le bleu intense est de la même couleur que ses yeux; ainsi sont les tapisseries bleues dans sa maison, l'insistante couleur chargée de ce bleu si variable de l'océan est partout autour d'elle; nous longeons la grève jonchée de débris de bois, les mouettes plongent dans les vagues, au-dessus de nos têtes. Éléna se tait, elle doit vite rentrer: Edmund l'attend avec les journaux du samedi, c'est le temps des confitures aux pommes sucrées, de préparer le bois, pour l'hiver, d'écrire à Helen dans sa pension en Suisse, de lire *La source grecque*, et encore une fois, je ne saurai rien de cette Europe d'Éléna dont elle me dit seulement: «Il y eut un temps où ce fut si beau, chez nous...» et puis c'est le silence que recouvrent les vagues et le déclin du soleil sur ces rivages de l'Atlantique.

Carnet 16

C E SONT DE VIEUX PEINTRES, des graveurs, des sculpteurs qui vivent retirés sur les collines feuillues de Truro, toute l'année, dans les brumes de l'hiver, à Provincetown où, de la lucarne de leurs ateliers, dans leurs maisons de bois, ils voient l'arrivée des paquebots sur une mer que le brouillard capture de sa lumière diaphane, au crépuscule, comme dans les tableaux de Turner lorsqu'on y sent passer l'orage, la tempête.

Ils ont fui les persécutions contre les Juifs en Europe, et sur cette terre de leur ultime refuge, l'Amérique, ils ont encore été persécutés pour leur idéologie, leur esprit de dissidence, lorsqu'ils ont choisi de devenir communistes, socialistes. Je rencontre Eugène et Ella, le peintre Karl Kanaths, aux côtés de Mary qui les visite souvent pour acheter leurs tableaux; dans les années soixante, ils sont pacifistes et croient au témoignage de leur art pour exprimer leur indignation contre la guerre du Viêtnam qui a plongé tous les campus universitaires, de Harvard à Berkeley, dans l'inquiétude et le deuil.

Leurs œuvres qu'ils accomplissent en silence, trottant à pas menus dans leurs ateliers, dans leurs blouses bleues de peintres, évoluent comme eux, sans

bruit, dans une douce constance, une quiète imperméabilité aux changements de notre époque. Monas-
tiques et recueillis, ils sculptent des statuettes dans
leurs jardins, lorsqu'ils sentent un élan de fantaisie,
ils peignent des sirènes sur les murs de leurs maisons. En été, la table, au milieu du jardin près de la
fontaine où viennent boire et se baigner les hirondelles, est souvent servie avec ses boissons aux cerises dans des verres rutilants au soleil, ses assiettes
de fruits et de fromages, car revient chez ses parents
ce fils qui a longtemps séjourné en Russie, où il
écrivait un essai sur Dostoïevski; viennent aussi des
petits-enfants qu'Eugène et Ella Jackson voient briè-
vement, leurs pinceaux à la main, dans une délec-
tation boudeuse car leurs pensées sont ailleurs, vers
ce ciel aux changements subtils qu'ils cherchent du
regard, qu'il faut vite peindre d'un jet de gouache
bleu turquoise dont la toile encore blanche, sur le
chevalet, sera bientôt envahie.

Pour le peintre Karl Kanaths qui est un vieillard
aux yeux d'un gris clair sous une broussaille de sourcils blancs, le symbole de l'oiseau de paix apparaît
souvent, telle la colombe de Picasso; le peintre Willy
Putnam et le peintre Léonid qui dessinent de longues
heures sur la plage, peignent ce même oiseau en
silhouette, oiseau minuscule dont les pattes traînent
sur le sable, créature isolée dans l'immensité d'un
paysage que renversent les vents dont les ailes ne
peuvent voler.

Dans le brouillard qui s'épaissit autour de la ville
de Provincetown, avec la durée de l'hiver et le froid,
on ne voit pas les peintres, le vent océanique bat les
volets clos, personne ne vit ici en hiver, à part ces
quelques êtres cachés avec leurs gouaches et leurs
huiles qui ne sortent dans les rues, semble-t-il, que
pour faire leurs provisions de couleurs au Studio

Shop où soudain, devant les carnets, les toiles, encore intactes, les tubes dont ils ne connaissent pas encore les mystérieuses radiations sur le papier ou la rugosité de la toile, ils rayonnent sous leurs casquettes de marins, et les uns près des autres, autour d'un poêle à bois, l'âme au chaud soudain, ils échangent quelques propos d'une voix terne sur leurs matériaux de travail, car la solitude pèse un peu à chacun et qui sait si le vieux peintre Karl sera encore ici l'hiver prochain? Chacun retourne à son pèlerinage dans la brume jusqu'à sa maison où l'odeur de la peinture encore fraîche sur les tableaux les ramène vers leurs chevalets et leurs outils.

Ella et Eugène, dans leurs studios contigus sur les collines, se critiquent mutuellement devant leurs travaux. Eugène dont les cheveux sont blancs comme la neige, dont la peau est laiteuse et rose, écoute, tête inclinée sur l'épaule de sa femme, les conseils qu'elle lui prodigue avec un amour acharné; pourquoi Eugène a-t-il débuté l'étude de la gravure si tard, lui qui est si talentueux, demande Ella, et quelle est cette forme dans ce dessin dont Ella peut dire si c'est un animal ou un être humain? Eugène qui a découvert sa passion pour la gravure à quatre-vingts ans, car avant, il était grammairien — on peut voir sur la table du salon, près du foyer les ouvrages qu'il a écrits pour les étudiants, grammaire allemande, grammaire russe, grammaire grecque, ces livres qui l'ennuient aujourd'hui dans sa vieillesse, dit-il, et qui ont des relents de moisissure car il les a écrits depuis si longtemps déjà —, Eugène définit la chose, dans sa gravure, cette chose qui n'est ni animale ni humaine comme lui-même, assiégé par les vicissitudes de l'âge et Ella, qui est solide, plantureuse, auprès de ce mari chétif et tout blanc dont elle est pourtant l'amie et le géant amour, dit en maugréant que son mari exagère, que rien n'est aussi sinistre que ce qu'il voit dans les noirs fantômes de ses gravures.

Mais c'est Eugène qui a raison, lui qui partira le premier avec Karl vers ces brumes de l'hiver d'où ils ne reviendront pas. Et longtemps seule dans son jardin, en été, Ella nous attendra avec ses boissons à la vodka et aux cerises, et la table prête parmi les tableaux sous les arbres, les statuettes et les sirènes sur les murs de la maison, elle nous attendra, Mary et moi, ouvrant les bras sur des tableaux où nous retrouverons cette même table dans le jardin, et des jonquilles aux effervescentes couleurs dans leurs vases de porcelaine.

Un accident, pendant que je marche avec Mary, dans les bois de Pamet Point Road, cette route qui mène à la baie de Truro, à la muette ville de Provincetown dans les brumes, l'hiver, un incident en apparence banal mais qui semble faire basculer la vie, la modeler autrement, où je perds presque l'usage de l'œil gauche pendant quelque temps, cet accident qui me forcera au repos, à un arrêt subit dans l'écriture de mon roman, m'incitera pourtant à découvrir dans le dessin, la peinture, le jeu avec les formes et les couleurs, une exploration durable de cet art d'où peuvent surgir tant de féeries et d'heureuses surprises.

Et, en cet hiver de nuit où je peux à peine me servir de mes yeux, où je suis désorientée à Cambridge, comme à Cape Cod, où je perçois toute l'extrême vulnérabilité du corps qui est liée à ce que nous ne savons apprécier lorsque nous la possédons: la vue. L'enseigne rouge, à la porte du Studio Shop, à Provincetown, dans ce brouillard de la mer, m'appelle, me guide, comme si c'était là le signe de la guérison et du désir de voir, je descends plus loin vers ces ateliers de peinture où de vieux peintres à la vue basse, bientôt éteinte, courbés vers leurs dessins, leurs toiles, m'apprennent qu'un brasier de couleurs resplendit là, sous leurs doigts, que voici le retour de la lumière.

Par la blessure de l'œil gauche pénètre aussi la connaissance, celle de la douleur et de la patience qu'elle exige pour soi-même; parfois il me semble que tout passe, par la brèche aiguë, le péril de ce pays en lutte dans lequel je me suis avancée, la joie d'ouvrir les yeux dans le soleil un matin, la peine soucieuse aussi de savoir que Barbara jeûne dans cette affreuse prison de Birmingham, près du professeur Yvonne Klein et de plusieurs de ses compagnons militants, et même sans la connaître, de ne pouvoir l'assister dans ce malheur.

Carnet 17

IL NEIGE SUR LA VILLE DE CAMBRIDGE, les bicyclettes sont rangées dans les couloirs des appartements où, même attachées sous les cadenas ou les chaînes, elles seront encore volées lorsque, par distraction, une porte sera laissée béante sur un fond de cour, invitant les voyous à venir quérir dans les boîtes aux lettres les chèques de pension qui sont destinés aux locataires retraités.

C'est en cet hiver 1963 que je commence l'écriture d'*Une saison dans la vie d'Emmanuel*; ces quelques mois d'écriture seront très pénibles, on dirait que tout me résiste, que je ne peux rien accomplir de bien, l'argent de la bourse a été épuisé; écrire l'histoire de Jean-le Maigre me rend chancelante, je le voudrais gracieux, ne portant pas à lui seul comme tant de poètes — je pense à Kafka, à Rilke — la dette de l'humanité, ses maux, ses cruautés, je le veux fier, ardent, combatif et souriant et je me sens entourée de lourdeurs; j'écris une page et je dois m'étendre, tant l'entreprise me semble contrariée par ces soucis de santé.

En lisant la biographie de Keats, je comprends que les poètes meurent à vingt ans, car leur expérience remonte à des temps qui sont antérieurs aux années de leur vie, la mémoire de lointaines impressions a été placée en eux, la pression de les décrire, ces impressions, ces souvenirs d'une mémoire universelle, cette pression est si forte qu'elle dérange la stabilité des corps et des esprits. Soudain on se sent complètement vaincue, brisée. C'est ce qui explique peut-être la folie de Virginia Woolf pendant qu'elle écrivait *La traversée des apparences* et *To the Lighthouse*, la turberculose de Kafka écrivant *Le procès*, *La colonie pénitentiaire*; ce qui dépasse la mémoire personnelle vient aussi de régions infernales qui nous sont souvent inconnues.

Je ne sais d'où viennent Jean-le Maigre et sa famille, mais pendant que j'écris le roman avec tant de peine, je sais qu'ils existent quelque part. Qu'il me faut parler d'eux pour adoucir la fatalité de leur destin. «Ces poètes de sept ans» de Rimbaud ont été abandonnés de par le monde, dans une campagne pauvre dont ils n'ont pu s'évader, ils ont été victimes de l'ignorance et de l'oppression religieuse. Ils ont été violés et tués et continuent de mourir tous les jours. Il y a aussi les manufactures des villes qui les ont brimés, j'ai vu leurs visages parfois, l'accablement qui se lisait dans leurs regards, ceux-là ne survivront pas à leur esclavage. Il y a, dans mon ghetto de Cambridge, des Jean-le Maigre qui cirent les chaussures des Blancs, des enfants méprisés — s'ils sont nés poètes, leurs œuvres ne seront jamais écrites. Car ils seront drogués, ils iront en prison, ce seront peut-être des enfants criminels.

En contraste avec ma vie pendant l'écriture de ce roman où je me sens privée de tout, la société intellectuelle que je fréquente et qui me nourrit et me soutient depuis ma rencontre d'Edmund, d'Éléna, de Mary, cette élite vit bien, dans un confort strict et sans abondance toutefois, et ce confort on veut me le faire partager quand je ne parviens pas à m'élever un peu au-dessus de mon enfoncement. Lorsque j'aurai écrit le roman, lorsque Mary, Edmund liront le manuscrit, j'aurai davantage confiance en moi et soudain ce sera la guérison, l'étonnement de me sentir si délivrée soudain.

Pendant cet hiver de doutes, la lecture éclaire parfois ma vie. C'est l'émerveillement de lire *The Company She Keeps* de Mary McCarthy, la joie d'entendre Mary me lire en espagnol Rosalia Castro, Gabriela Mistral. Je me demande par quel miracle ces œuvres ont été écrites par des femmes, sous le déguisement poétique ou romanesque, j'admire l'incroyable bravoure de ces auteurs lorsqu'elles parlent d'elles-mêmes avec une telle franchise.

Je suis touchée par cette écriture toute concrète, aussi finement exécutée qu'une musique. Ce courage dans l'écriture, Mary McCarthy l'aura dans sa vie privée aussi, de même que dans son engagement politique lorsqu'elle ira au Viêt-nam, lorsqu'elle dénoncera les bombardements sur Hanoi, avec le poète Robert Lowell. Elle encouragera les jeunes auteurs et, des années plus tard, aux côtés de son charmant mari, James, dans leur appartement de la rue de Rennes, elle me fera rencontrer celle qui a écrit *L'opponax*, Monique Wittig, qui est l'un des écrivains féministes les plus étincelants de sa génération.

Mais, en cet hiver 1963 où je lutte constamment avec moi-même pendant que j'écris, je suis inabordable, farouche. Je quitterai Cambridge pendant quelque temps, pour m'enfermer chez Mary à Wellfleet, à quelques pas de son studio dans les bois, dans un coin de la maison qui servait jadis de salle de repassage. Dans cette pièce qui me sépare du monde, d'où je sortirai à peine avant la fin de l'hiver, je descendrai en silence dans les vies de Jean-le Maigre et de ses frères, je ne serai pas en meilleure santé mais je me sentirai moins seule dans ma lutte avec tous ces écrivains, ces artistes tout près pour qui l'écriture, la musique, la peinture est le but sacré de leur vie.

Même lorsque la mort de Jean-le Maigre sera consommée, ce ne sera pas la fin de la lutte. Plusieurs éditeurs du Québec refuseront mon manuscrit. Ils sont gênés peut-être par l'évocation d'une société opprimée et oppressante ou retrouvent une noirceur dont le souvenir est encore une blessure. La poésie de Jean-le Maigre, ou ses dérèglements avec le jeu des mots, leur échappe. Mais il y a Jacques Hébert, il y a quelqu'un qui écoute, qui sait comment sortir de l'ombre une œuvre et son auteur. Ainsi nous verrons bientôt parmi nous ces auteurs prodigieux dont il fait la découverte, Michel Tremblay, Victor-Lévy Beaulieu, Nicole Brossard, Michèle Mailhot et tant d'autres. Chaque livre, pourtant, au début de sa création, me procurera les mêmes angoisses mentales, les mêmes défaillances physiques, aussi.

C'est que l'on n'est jamais satisfait de soi, que le travail est inhumain, qu'on se sent soudain très peu sûr de ses forces, d'une effarante fragilité. C'est cette incertitude, cette peur de se tromper, dans ces voies de l'imaginaire si complexes, lesquelles sont quand même tissées de réel et à de graves réalités que subit notre conscience; c'est le tourment de cette incertitude, qui a peut-être soudain mis une fin brutale à un talent, à un génie comme Hubert Aquin. C'est que l'enfantement d'une vie est toujours à refaire. Qu'en donnant un peu de vie à ce qui n'en a pas encore, on meurt un peu soi-même.

Carnet 18

L'ÉCRITURE attire parfois d'étranges événements. Pendant que je tente l'esquisse de ces êtres que j'ai connus autrefois à Wellfleet, Edmund, Éléna, Gilberte, Anthony et plusieurs autres, je rêve à eux pendant la nuit comme s'ils étaient tous encore vivants.

Dans l'un de ces rêves Éléna me dit: «Qu'est-ce qu'une mort chrétienne?» me parlant de façon naturelle comme si je la revoyais dans l'ensoleillement de sa cuisine d'été, dans sa maison blanche aux rideaux bleus, son regard est étincelant et vif comme autrefois, il y a près d'elle des jeunes filles qui semblent être ses élèves ou ses disciples car, dans cette brève éternité où la surprend mon rêve, je la vois qui poursuit son enseignement spirituel ou qui le transmet à des êtres plus jeunes.

C'est dans une gare que je rencontre Edmund, il attend le départ d'un train, il est vêtu d'un costume de toile beige et porte un chapeau. Lorsqu'il m'aperçoit, il y a toujours cette lueur d'ironie dans son sourire; soulevant son chapeau, il me demande poliment: «Quel train faut-il prendre pour aller là-bas?» La frontière qui nous sépare me semble presque palpable comme si ces présences dans les rêves devenaient visiblement charnelles, malgré la transparence de leur discours.

Le jour, je ne suis pas avec eux tous pourtant, l'écriture de mon roman m'accapare entièrement au point que je dois être un poids pour qui a la gentillesse de me fréquenter dans un pareil état de concentration et de tiraillement intérieur; même lorsque je sors au milieu du jour, c'est avec mon carnet pour suivre mes personnages à la trace, Carlos et ses frères noirs à l'entrée du village de Bahama.

Parfois ces journées sont très insatisfaisantes et source de tension, d'inconfort psychologique. Lorsque, sous le coup de cette rigueur imposée, on sent son cœur qui voudrait exploser dans la poitrine, il vaut mieux alors laisser le roman à sa respiration, le poème ou le texte, renouveler ses forces pour la fraîcheur d'un autre jour et chercher ailleurs son évasion.

Les amis apparaissent miraculeusement, à cet instant-là. Jacinthe qui a fait des bijoux toute la journée sous le soleil cuisant de la rue Duval, au square des artistes, m'invite à sortir avec elle pour une partie de la nuit. La soirée est improvisée comme une balade au fil des heures; ce que nous voulons le plus ce soir-là toutes les deux, c'est oublier notre métier et l'enchaînement qu'il provoque, que ce soit sous le blanc soleil parmi les touristes souvent grossiers ou dans la petite chambre d'en haut sous le ventilateur qui ronronne au-dessus de ma tête pendant que j'écris dans de quotidiens bouleversements et désarrois. Nous buvons un verre à la santé de Matsu dans un café-terrasse qui était autrefois le *Café Exile* où jouait Matsu avec son groupe de musiciens jazz.

Nous évoquons ce temps dur où Matsu a été si persévérant, c'était l'époque des amours de Jacinthe avec le jeune musicien japonais, «et en ce temps-là, dit Jacinthe, Matsu couchait dans une garde-robe, mais nous étions quand même heureux».

Nous sommes pendant la semaine du *Litterary Seminar* de Key West qui est dédié cette année à Elizabeth Bishop et son œuvre. Comme je travaille tous les matins, je n'ai pu assister aux conférences, mais aussi ces réunions littéraires me rendent mal à l'aise. Je sais avec quelles éloquentes perceptions mes amis James Merrill, John Malcolm Brinnin et tous les autres conférenciers invités ont pu honorer la mémoire de ce grand poète dépouillé et épuré, mais il y a trop de mondanités autour de ces rencontres.

Il est si agréable de voir John et Jimmy dans le jardin secret de David, rue Elizabeth, ou ailleurs dans la ville, dans l'intimité d'une vraie rencontre. Ce soir-là, le plan de Jacinthe est d'aller nourrir un chat que nous appelons Queue Cassée et qui est notre orphelin du jour, à la Maison de Hemingway, où tous les chats sont bienvenus. Nous voulons quand même savoir si Queue Cassée va bien et est bien nourri.

Et c'est là que l'écriture, même lorsqu'on veut s'en reposer, attire ces étranges événements. Là où se tenaient, il y a dix ans, Matsu et son orchestre, une grande table est dressée que je n'avais pas même remarquée de la terrasse, et tous ceux qui ont parlé d'Elizabeth Bishop à la conférence sont là rassemblés dans cette zone d'ombre. Alan nous crie de venir les rejoindre, nous approchons, nous qui nous sentons si sauvages, avec notre nourriture dans un carton pour Queue Cassée. Ce n'est que plus tard dans la nuit que nous grimperons le long du mur de la Maison de Hemingway pour visiter notre errant et découvrir qu'il y a là des chats orange bien dodus et quelques autres Queues Cassées anonymes.

Mais la rencontre des conférenciers est inoubliable. Peut-être était-ce le vertige d'émotions trop puissantes, comme lorsque je rêve d'Edmund et d'Éléna et que je crois entendre leurs voix. Je pensais beaucoup à Robert Lowell et soudain je vois sa femme — si longtemps après une première rencontre chez Mary McCarthy dans le Maine —, Elizabeth Hardwick, qui est, comme son mari, un écrivain qui m'éblouit encore aujourd'hui, me parle de Robert comme si nous ne l'avions jamais quitté.

J'avais évoqué le souvenir de Mary McCarthy, son ouverture d'esprit, sa chaleur et soudain voici son frère parmi les conférenciers. C'est un acteur célèbre, il est très beau, sûr de lui, je n'aime pas l'air d'insolence avec lequel il parle de cette sœur remarquable. Peut-être partage-t-il avec elle le charme, l'humour, la tendre férocité, mais il n'est pas humble comme elle l'était.

C'est un choc de sentir Mary si près sans qu'elle ne soit là par des liens de parenté profonde. C'est même cruel.

Frank Taylor qui, lui, est toujours le même ami modeste, me fait un clin d'œil qui semble signifier: «Je n'aime pas ces réunions plus que toi, on y est si peu sincères...» Je rencontre la biographe sympathique d'Elizabeth Bishop: tous ces livres écrits sur Elizabeth longtemps inconnue parmi les siens, en serait-elle fière ou triste?

Mais les mots qui pèsent à ma mémoire sont déjà des mots que je veux écrire, l'absence d'Elizabeth, sa mort, je ne la reverrai plus comme à l'Université de Harvard, sa cigarette à la main, je ne reverrai pas non plus Mary se préparant à partir pour le Viêt-nam, dans l'uniforme du soldat. Jacinthe me dit: «La nuit ne fait que commencer, est-ce que nous allons au *Captain Horn* écouter du jazz?»

En marchant vers la rue, nous rencontrons Patricia au bar; elle est superbe comme la Reine de la Nuit, elle nous salue amicalement, entourée d'hommes. Nous la laissons au mystère de ses nuits, nous nous perdons dans la ville; lorsque nous reprenons nos bicyclettes, Jacinthe disparaissant par la rue du cimetière que nous avons longée au début de la soirée, la nuit nous enveloppe, chacune de nous pourrait être seule au monde.

Carnet 19

ARY ET MOI faisons la connaissance de Winkie et Gigi pendant une exposition des tableaux de Mary à Cambridge, dans les années soixante. Les grands portraits que peint Mary de sa famille, de ses amis, séduisent l'imagination de Winkie qui, sans connaître Mary, pendant une visite à la galerie avec Gigi qui la transporte dans son fauteuil roulant, s'attache à l'un de ces portraits exposés dans la vitrine de la galerie, comme si c'était là la rencontre d'une personne avec une autre.

L'immobilité des visages, des corps dans les tableaux et l'agitation, le mouvement que l'on peut sentir derrière cette immobilité qui n'est faite que de couleurs remuantes sur la toile, cet arrêt de la vie au cœur de la vie, c'est aussi l'immobilité pleine de remous de Winkie qu'un accident a paralysée à vingt ans.

Winkie naît avec la beauté, la fortune, elle vit à Hyannis Port, elle est amie avec les membres de la famille Kennedy, pratique avec eux les mêmes sports; c'est en faisant un plongeon fatal dans une piscine, un matin d'été, qu'elle se brise l'épine dorsale et c'est à jamais l'immobilisation de sa jeunesse, de toute sa vie. Désespérés, ses parents cherchent pour elle un compagnon ou une compagne qui pourrait l'aider, l'empêcher de céder au désespoir, ce serait en même temps une amie, une infirmière, quelqu'un qui pourrait soigner Winkie, l'assister jour et nuit, car même si elle peut s'asseoir dans un fauteuil roulant et utiliser sa main gauche, elle ne peut vivre sans une machine respiratoire, et sa vie est toujours menacée.

Au Québec, Gigi, qui s'occupe d'une enfant leucémique qui va mourir, lit l'annonce des parents dans le journal. Elle répond sans tarder: si Winkie a besoin d'elle, elle sera là, elle viendra vivre à ses côtés aux États-Unis. Gigi est là, dit-elle, pour aimer les autres sur la Terre, on peut compter sur sa présence, son dévouement.

Ainsi commence cette longue histoire d'une amitié valeureuse, exemplaire, entre Winkie et Gigi. Mary est touchée par la fragilité des êtres, sa peinture est une réflexion, une interrogation devant nos malaises. Elle peint de multiples portraits de son père, de sa mère, de sa sœur Sarah; son atelier, dans les bois, contient toutes les ébauches de ces toiles dont le dessin fantôme est lentement élaboré par le tableau final, puis ces toiles sont mises à part, ou déchirées dans un moment de fureur, repoussées dans le brasier du dépotoir municipal par l'intransigeante main qui les a façonnées. L'une d'elles deviendra le portrait du père malade: c'est un savant, un intellectuel dont les préoccupations sont métaphysiques; appuyant sa tête dans l'une de ses mains, il semble se demander quelle est donc la signification de notre fugitif passage sur la Terre. Ses yeux sont d'un bleu clair, il est vêtu d'un élégant costume d'été, sa vie passe comme un rêve dans son souvenir, aucune réponse à l'anxiété de son regard sinon qu'il est conscient de sa proche disparition du monde. Digne et résigné, il attend; mais par des touches méticuleuses, l'enfance, la jeunesse de l'homme atteint de tuberculose encore jeune, dans cette sensualité des couleurs qui baigne le tableau, autour de la tête pensive du père, des époques glorieuses, des instants peut-être semblent courir autour de lui dans un flot d'images arrêtées, le voici petit garçon aux côtés de ses frères, tout endimanché pour une photographie qui semble venir d'un autre siècle ou habillé pour une promenade à cheval, plus tard, avec sa femme et ses enfants; sa seule certitude, pendant que ses yeux bleus nous fixent, c'est que ce monde tel qu'il l'a connu, ce monde vivant, jamais ne reviendra plus.

C'est dans la maison de Winkie, à Hyannis Port, que se retrouvera l'un de ces portraits de Mary, exerçant dans la vie de Winkie et Gigi ses pouvoirs de consolation, même si, comme le père de Mary, Winkie ne doit jamais être guérie, mais le tableau sera un compagnon de route dans cette extrême solitude.

Car Winkie, comme le père de Mary dans le tableau, est d'une dignité sans faiblesses. Cet été-là — le président Kennedy a été tué depuis quelques mois —, sur la plage, devant la maison des Kennedy que Winkie peut voir de son fauteuil roulant sur sa somptueuse terrasse qui avance sur la mer, elle déplore, avec les accents de douleur de sa voix contractée par l'effort d'être branchée à la machine respiratoire, l'absence de celui qui était pour elle un ami et qui venait parfois lui proposer de sortir avec lui ou de la promener sur la plage. Elle ne dit pas «celui qui était le président des États-Unis que l'on vient d'assassiner», mais «celui qui était un homme très bon, celui qui venait chez moi comme un ami».

Winkie dit qu'il y a peu d'adultes sur cette plage cet été, des enfants qui jouent avec leurs ballons, des jeunes gens qui font du tennis, c'est une plage sur l'Atlantique que vient de cerner un deuil, la catastrophe d'un naufrage. Parfois Winkie demande à Gigi de poser sur ses yeux des lunettes d'approche car elle apercevra peut-être Ted ou Robert Kennedy, dans leurs shorts blancs, elle verra les cheveux qui ondulent dans le vent, elle verra le cou, la nuque, de ces frères adorés qu'elle contemple de sa fenêtre, ou de la terrasse, avec Gigi, même si le domaine de la famille Kennedy est situé un peu loin de chez elle, et séparé par un grillage que protègent des policiers et des gardiens. Il lui semble que c'est aujourd'hui, par ce jour de ciel bleu, de mer calme, qu'un grand jeune homme au sourire rêveur va l'inviter à sortir, à la promener sur la plage, comme si elle marchait à son bras, au bras de celui-là seul qui lui redonne ce miracle de marcher à nouveau. Mais il pleut violemment et Gigi s'inquiète pour la respiration de Winkie. Gigi redoute plus que tout les orages sur la mer, toute violence de la nature qui pourrait interrompre l'électricité dans la maison; cette crainte est un juste pressentiment car c'est par un jour de tempête que meurt Winkie, à trente-huit ans, pendant une panne d'électricité qui la privera de son souffle.

Dans ses lettres d'une exceptionnelle force, comme dans son autobiographie qu'elle écrit avec l'aide de Mary, dans ses dessins que dominent le rose, le vert, toutes les couleurs mélodieuses, Winkie ne parle que de son bonheur de vivre qui est chaque jour une découverte, une aventure même dans ce terrible secret de son immobilité qu'éclairent aussi l'amour, l'amitié de Gigi, de sa joie, de son émerveillement que la vie soit en elle encore intacte. Jamais elle n'évoque son infirmité. Dans son salon à Hyannis Port, ou à Cambridge, lorsque Gigi l'emmène dans les galeries où elle achète des tableaux, Winkie voit en la peinture une vie qui la prolonge, comme elle voit sur sa terrasse à Hyannis Port, sur la mer, dans la désolation de sa vie perdue, celui qui sera toujours pour elle le lumineux visiteur, celui qui a été le lieutenant dans la marine américaine pendant la Seconde Guerre mondiale, dont elle connaît la bravoure, mais surtout celui qui a la bonté, la simplicité des humbles et qui, en posant sa main sur son fauteuil roulant, pourrait presque lui dire: «Et si nous marchions sur la plage, ensemble, tous les deux?»

Bien qu'elle sache qu'en ce monde où elle l'a connu beau et triomphant, ce visiteur ne reviendra plus.

Carnet 20

LE DIMANCHE n'est pas un jour de repos à Key West, mais c'est un jour où je m'arrête à midi au *Café Billie* pour la lecture des journaux, le *USA Today*, le *Miami Herald*, le *New York Times* et le *Key West Citizen* qui est un bienfait pour les citoyens de l'île. Dany, qui est presque un ami, l'irréprochable et patient serveur qui porte des anneaux à l'oreille droite, un jeune homme né sous le signe du Capricorne qui partage avec eux le goût du silence et la lucidité ombrageuse, lit, pendant que je suis là, la page de l'horoscope qui rend son humeur songeuse. «Encore des tracas financiers, dit-il en prenant sa tête entre ses mains sous l'air flottant du ventilateur. Comment cela peut-il m'arriver à moi quand je vis seul sur un bateau pour ne voir personne, n'ai pas un sou à dépenser et que tout mon temps est pris par le travail? Tant pis, cela ira mieux au commencement de la semaine. Nous autres, les capricornes, nous aimons tout ce qui commence, ensuite nous nous lassons vite... Je ne suis pas sûr que nous aimions vraiment la vie parfois...»

Le dimanche est une journée plus légère aussi parce que je sais que je verrai Patrick à six heures à son bar de style européen, le *Square One*.

Le blond et radieux Patrick dont je connais l'indulgente amitié depuis douze ans, la tranquille tendresse au bar envers mes amis qui sont de continuels sujets de réflexion et d'inspiration comme ils l'ont été lorsque j'ai écrit ma pièce *L'île* pour Jacques Crête et son théâtre, L'Eskabel.

Mais, que ferais-je sans ces visages de Dany, de Patrick, de Barbara qui dansait autrefois dans la compagnie de Martha Graham et qui est aujourd'hui chauffeur de taxi dans la ville de Key West, que deviendrais-je sans cet éclairage attrayant et nuancé, cette objective chaleur qu'ils interposent entre le pessimisme ou le simple réalisme de mes pensées quant à l'évolution de l'humanité et leur climat de joie, d'aération estivale et candide?

Car, dans mes travaux, c'est encore l'hiver. La phrase qui me poursuit en ce dimanche, je viens de la lire aux côtés de Dany que tourmentaient ses tapageurs clients. Cette phrase de l'écrivain Walt Harrington est tirée d'un livre qui sera bientôt publié sous le titre de *Crossings: a White Man's Journey into Black America*, dont un extrait est publié dans le *Key West Citizen* de la fin de semaine; dans cette odyssée d'un écrivain de race blanche dans l'Amérique noire, je lis et relis ces mots: «Dans la petite ville de Marks, le pasteur Martin Luther King a pleuré, et depuis cette ville dans le nord-ouest du Mississippi est appelée la ville où Martin Luther King a pleuré en 1968, quelques jours avant d'être assassiné...»

Et je vois la ville de Marks telle que la vit peut-être le pasteur lorsqu'il dut se rendre en chaloupe car les pluies avaient inondé et détérioré la ville de Marks, ville maudite avec ses quelques Noirs affamés et perdus sous le toit de rouille de leurs cabanes que le vent avait arrachées, les laissant nus et grelottants, en ces hivers d'humidité où croissent périlleusement

les récoltes des champs de riz, de fèves, une végétation aux hautes graines stériles qui poussent à
travers les charpentes de maisons détruites, craque-
lées par l'orage; c'est là, en passant par le village
déchu de Street Cotton, avec ses cabanes et ses huttes
lamentables construites avec des débris de madriers,
pour aller vers l'île des abandonnés, au milieu de la
tourbe, des herbes sales, que le pasteur pleura sous la
pluie, serrant dans ses bras cette famille qui était là,
une mère, ses chétifs enfants lentement décimés par
le froid, la maladie, dans leur taudis dépourvu de
fenêtres, d'hygiène, s'enfonçant, se désintégrant les
uns et les autres dans les eaux du déluge avec la
prolifération des serpents et des parasites, devant
cette ville de Marks et la cabane en ruine sous le toit
de rouille qu'une photographie du journal fait resur-
gir de cette vallée du Mississippi où se répandit tant
de sang noir. Le pasteur affligé pleura longtemps
aussi sur ces plantations de coton, de fèves, où, le dos
brûlé par le soleil, les mains déchirées par les épines,
son peuple esclave nourrit, pendant des siècles, la
terre aride de sa sueur comme de ses larmes.

C'est un dimanche où à la lecture sonne aussi
comme la rumeur d'un glas dans le brouillard, la
nouvelle de la mort du romancier japonais Kobo Abe;
une autre voix singulièrement prophétique s'éteint
avec une soigneuse discrétion, sans bruit. C'est pourtant la disparition d'un grand romancier et humaniste
qui, comme Moravia, s'intéressait surtout à l'aspect
sombre de la nature humaine bien qu'il crût en même
temps que nous puissions être régénérés par la
beauté de la nature; celui qui avait protégé avec passion sa vie, l'intensité de son écriture hantée par la
modernité trop rapide du Japon d'après-guerre, une
conscience dans le monde et y jouant son rôle actif,
une voix, ne sont plus, et cette nouvelle m'attriste.

J'ai encore, dans la poche de mon short, à l'heure crépusculaire où j'irai voir Patrick au *Square One* une lampe de poche dans le panier de ma bicyclette afin de pouvoir revenir assez tôt le soir pour écrire jusqu'à minuit, les deux articles découpés dans les journaux du matin, les larmes du pasteur, la disparition subite à soixante-huit ans du romancier japonais Kobo Abe; ces trésors qui me suivent dans la nuit ralentissent ma hâte de revoir Patrick et de me détendre avec des amis: ce dimanche ensoleillé est celui de l'Hiver intérieur où la paix ne sait comment se placer, se déposer.

Et soudain j'entends des voix rieuses à l'entrée des restaurants conduisant au *Square One* sur la rue Duval, des tables garnies de nappes roses, de fleurs d'hibiscus rouges, dans des verres, attendant ceux qui viendront la nuit à leurs dîners de fête dans l'air moite et doux; c'est l'heure où chaque promeneur venu de ces glacés pays, l'Allemagne, la Norvège, regarde avec le soleil couchant sur la mer le départ du paquebot *Zénith* ou du paquebot *Amsterdam* avec ses passagers que dissimule le cercle des hublots; ils partent dans un ébranlement de sons perçants et de fumée, le voilier *Le prédateur* fend les vagues, il penche de tout côté dans le vent incertain.

Patrick, Barbara dont le corps long et maigre a conservé de ses années de discipline dans la danse la souplesse, la grâce un peu tendue, parlent entre eux au bar. En posant la main sur le bras de Patrick, Barbara dit: «Nous qui avons enfin ici trouvé notre pays, notre lieu après beaucoup d'errances, à Porto Rico, à San Francisco, nous n'avons pourtant jamais vu l'Europe... Nous voici bercés par l'Atlantique et ne bougeant plus de nos maisons avec nos chats et nos chiens. Mais à quoi bon aller si loin Patrick quand j'ai en toi un ami, parfois un père confesseur à qui je peux avouer toutes mes faiblesses et qui jamais ne me juge.» Lorsque Barbara vient près de moi pour me dire «que dans l'île les apparences ne sont pas la réalité», j'éprouve pour elle un vrai respect car je sens qu'elle veut me dire par là que même si elle a renoncé à la danse pour des raisons qu'elle préfère ne pas expliquer, la danse est toujours en elle. De même pour Patrick qui est comédien et imitateur, le bar est ici la scène d'une vie qui se refait. «On vient ici pour se refaire et se réparer, dit Barbara. Que l'on devienne chauffeur de taxi ou serveur, on a toujours une autre vie derrière. Et souvent c'est celle d'un art auquel on a renoncé, et c'est dans cette renonciation qu'il a fallu apprendre malgré soi l'humilité.»

À mon retour du *Square One*, de mes rencontres avec Patrick et Barbara, la lampe de poche est là pour me frayer un chemin dans la nuit. Sur ma table de travail j'écris ces mots afin de ne jamais les oublier: «Le pasteur Martin Luther King a pleuré sur la ville de Marks.»

Carnet 21

QUELLE FUT LA DÉMARCHE intellectuelle de Barbara lorsque Mary et moi venons la cueillir à l'aéroport de Tallahassee en ce triste jour d'hiver 1964 après un jeûne de trente jours dans cette prison du Sud où elle a été séquestrée avec d'autres pacifistes américains dans sa lutte non violente contre le racisme et l'armement nucléaire mondial? D'abord un esprit académique avide de connaissances, un poète qui écrit ses premiers poèmes à quinze ans, un écrivain. Barbara semble avoir soudain choisi l'action non violente par nécessité spirituelle, dans un élan du cœur, elle qui était si blessée par l'injustice faite aux autres.

Lorsqu'elle vient vers nous dans son manteau vert usé qui lui a servi de couverture en prison, Barbara est si décharnée, amaigrie, que Mary éclate en sanglots en la voyant; moi qui n'ai vu Barbara que dans les dessins de Mary et sur les photographies, je suis choquée par sa maigreur cadavérique et la dureté des traitements qu'elle a subis en prison. Je reconnais des dessins de Mary le romantique modèle aux yeux bruns souvent inquiets, la tête inclinée et pensive sur un corps trop grand, les cheveux que Barbara coupe elle-même sont effrangés sur son front, tombent raides un peu au-dessus de la hauteur des épaules comme les cheveux d'un page.

À la recherche d'une vérité d'un ordre supérieur qui est déjà, lorsque je la vois dans cet aéroport de Tallahassé, la poursuite de toute sa vie, Barbara a déjà beaucoup écrit sur cette société américaine des années cinquante et soixante. L'un de ses articles, publié dans la revue *Liberation*, exprime sa propre libération: «Le voyage d'une femme vers l'expérience d'une vérité personnelle» — *One Woman's Journey towards Truth: Chronicle of a Woman's Liberation*, dans un long essai sur le cinéma américain des années quarante, elle analyse à travers les héros des films de guerre ce sujet de la violence collective qui ne lui laisse aucun repos. En même temps son intérêt pour les arts a de multiples aspects; elle a déjà étudié la littérature et le théâtre lorsqu'elle était étudiante à Bennington College, son maître de dessin est George Grosz: elle enseignera le théâtre, sera nommée directrice de projets au musée de New York, elle sera éditrice assistante avec l'écrivain Bessie Bruer, elle écrira un essai sur *Hamlet* dans lequel on sent déjà ses préoccupations féministes et c'est au retour d'un voyage en Inde qu'elle commence à lire Gandhi, et ce sont ces œuvres de Gandhi qui l'aideront à cheminer vers l'action non violente comme moyen d'opposition pacifique au racisme comme à la guerre du Viêt-nam.

En 1960, elle a déjà visité Cuba et parlé avec Castro, elle est devenue un disciple de Gandhi et elle a rencontré les membres du Comité d'action non violente: en 1961, elle est arrêtée avec ses amis pendant une manifestation de la Brigade internationale pour la paix — *International Peace Brigade* — lors d'une conférence contre les armes atomiques.

En cette matinée de l'hiver où je la vois pour la première fois dans cet aéroport floridien où des policiers surveillent de loin — il me semble sentir si près de nous l'étroitesse de cette surveillance, les policiers ne sont pas là pour Barbara, mais pour un criminel qui est recherché —, son effroyable maigreur attire vers nous tous les regards. Barbara n'est pas malheureuse comme nous le sommes pour elle, elle est fière de sa force et sereine après le combat, car elle voit désormais sa vie comme une incessante lutte dans la construction d'une société meilleure. Elle a écrit dans cette prison de Birmingham son livre *Prison Notes* qui sera beaucoup lu par les futures générations de pacifistes et de résistants non violents; c'est aussi le journal d'une révolutionnaire, d'une mystique qui croit à la prière et au jeûne, le récit d'une expérience de solidarité avec d'autres compagnons de lutte, dans l'amour et la privation.

Dans ses livres, Barbara parle souvent des progrès que peut accomplir la conscience individuelle, elle dit que nous sommes sur la Terre pour travailler sans relâche sur nous-mêmes. Dans cette rigueur concentrée, je la vois écrire des journées entières, se tenant droite devant sa machine à écrire, s'arrêtant parfois à midi pour boire une goutte de porto lorsque ses forces déclinent. Sa chambre de travail déborde de journaux, de livres sur Cuba; pendant ces années soixante, lorsqu'elle répond au téléphone c'est pour avoir des nouvelles d'un ami qui sort de prison, de combattants qui font la grève de la faim pour le désarmement, à Washington: Ray, un militant noir qui l'a accompagnée pendant la Marche pour la Paix vers Cuba, est, avec Martin Luther King, son lien de tendresse avec le peuple noir; ils se parlent presque tous les jours. Par une affreuse ironie du sort, Ray est tué par un Indien à Wounded Knee, dans une manifestation pacifique pour la défense des droits des Indiens. Et cette disparition, comme celle de Martin

Luther King, est un immense chagrin dans la vie de Barbara. Ce jour est irréel dans cet aéroport où les Noirs n'ont pas accès aux lieux publics des Blancs, ce lieu semble maudit, avec cette figure souffrante de Barbara dans les rayons d'un soleil tropical, c'est ici dans cette ville ancrée, sur ces plages de la Floride, que Barbara reprendra des forces, sans jamais pourtant recouvrer la santé car le jeûne a été trop sévère et excessif et a profondément dérangé son métabolisme. Je ne le sais pas alors, mais même si cela se fera en plusieurs années, c'est ce jour-là qu'elle commence à mourir de ce cancer de l'estomac qui l'emportera dans sa maison de Sugarloaf, là où l'attend sa barque dans le canal.

Cette évolution, ces progrès d'une conscience attentive aux déchirements du monde, à ses maux, à ses injustices, d'autres en ont hérité à la mort de Barbara, lorsqu'il n'y eut plus de promenades en barque sur le canal; ses écrits, ses livres continuent son travail, et rien, comme elle le disait, n'est encore achevé, sauf que très doucement une conscience isolée grandit, se perfectionne quelque part dans une obscurité totale.

Carnet 22

EN CES ÉTÉS DE LUMIÈRE sur les dunes de Cape Cod, cette limpide lumière sur les vagues de l'océan qui en renvoie la clarté, en ces longs jours de juillet et d'août où l'on peut encore parcourir les plages la nuit, où quelques chevaux galopent avec leurs hautains cavaliers, les peintres descendent des dunes vers la plage près de la mer, posant dans le sable leurs bancs de toile et leurs chevalets. C'est Mary, qui, un peu à l'écart, peint un marais; il y aura le marais peint un jour de bruine, le marais peint en automne et l'état d'âme du peintre dans la maturité de son art. Il y a les centaines de coquillages que peignent Mary et son ami Léonid qui a été son professeur aux Beaux-Arts à New York.

Lorsqu'ils viennent de New York, du Vermont, du Connecticut, pour peindre pendant leurs vacances cette lumière de Cape Cod, les peintres disent qu'ils s'en vont à la mer; longtemps ils rêvent de ce voyage où ils seront seuls avec l'océan, la vie marine et ces tables de dessins, chevalets de bois avec leurs toiles qu'ils transporteront partout avec eux.

Dans les chalets qu'ils louent — ils sont toujours face à la mer —, Diana peint une chaise rouge devant une fenêtre qui s'ouvre sur la baie au soleil couchant;

longtemps cette chaise rouge et l'espace illimité qui contourne ce dessin peint d'un trait exquis symbolisent pour moi la solitude du peintre; la chaise, au milieu d'une étendue d'eau et de ciel, est cette figure de Diana elle-même devant le voyage aux portes de l'infini, de cette mer dont on ne voit pas la fin, aucune extrémité, puisque l'écume de ses vagues se perd sous le ciel. C'est la mort qui se cache au loin que l'on ressent déjà toute proche.

Des coquillages blancs, nettoyés par les eaux, un crabe aux pattes dressées, que peint le vieux peintre Léonid sont des images de squelettes humains sous la poussière terreuse que portent sur eux les corps ensevelis. Mais, dans sa vaste énigme, la mer est aussi pour Léonid la perpétuelle vie et l'espoir de toutes les naissances. Lorsque Mary peint un oiseau mort sur la grève, un moment d'effervescence, de vie se fige sous son crayon ou sa plume. Des années plus tard, l'oiselet tué par la tempête, dessiné à l'encre brune sur du papier de parchemin, a encore dans son œil entr'ouvert un pétillement de vie.

Longtemps après, dans une maison de campagne, les grands tableaux de Léonid, même lorsque Léonid n'est plus avec nous depuis des années, ramènent ces mers resplendissantes des soirs d'été, à Cape Cod; tout au bord, en bas, à la lisière du tableau, un personnage mince, presque sans poids, sans chair, est là qui regarde ou qui ne fait que passer, comme nous, un être vite balayé, anéanti par les vagues d'une mort certaine. Cela seul est indubitable, notre mortalité, notre précarité sous ce ciel, près de cette mer, qui, eux, ne disparaîtront pas.

À Key West, mes amis, les insulaires, font souvent ce projet de partir en mer. L'horaire chargé qui les retient parfois tard dans la nuit au travail, dans leurs clubs de jazz, dans le refuge d'une chambre où ils écrivent leurs livres, où d'autres, comme Mazu, composent leur musique, retarde souvent ces préparatifs de départ, mais lorsque chacun dit: «Nous irons sur un grand bateau, nous irons pêcher au milieu de l'océan», l'invitation au départ sur l'eau est toujours une féerie. Les devoirs, les obligations de chaque jour en sont illuminés et les frontières s'éloignent.

C'est le jour du départ dont on a tant de fois fait le récit avant de le vivre et, tirés du lit, nous sommes tous sur le pont du bateau *Ne me manquez pas* — c'est le nom du bateau. Nous y sommes au lever du jour, revêches et abattus, avant l'arrivée des capitaines avec leurs cannes à pêche et leurs appâts. Nous tournons les uns autour des autres dans une envolée de pélicans aux plumes grises et jaunes comme des habits salis. Mazu se frotte les yeux et dit, en étouffant un bâillement, que sous ce ciel bleu sans nuages le vent sera faible et notre embarcation, stable. Le bateau tangue déjà dans les grognements du moteur. Jacinthe et moi regardons Mazu sans trop le croire, Jacinthe porte une casquette de pêcheur et des lunettes teintées, ses cheveux sont attachés sous la casquette par un élastique, nous regrettons toutes les deux l'idée de cette excursion sur l'eau, le regard bien fermé sous nos lunettes. On pourrait presque croire que nous sommes de mauvaise humeur, et soudain, nous partons; les matinaux, Pauline et Renaud, sont égayés sur le pont, on voit à peine le visage de Pauline sous son ample chapeau de paille; Renaud, le plus exubérant de nous tous, est torse nu au soleil, son short de jean roulé au-dessus des genoux, les cheveux au vent, il demande à Mazu s'il y a des habitants dans ce bouquet de petites îles que longe le bateau. Oui, dit Mazu, il y a toujours quelque pêcheur de crevettes dans ces îles, ou une femme, un homme ermite qui s'y abrite. Mazu nous désigne le bateau des pêcheurs de crevettes, seul au milieu de la mer, et dont la forme, avec ses voiles qui se déploient sur l'eau est celle d'un papillon.

Nous nous séparons des côtes, du cercle des îles et des embarcations inclinées dans le vent; la végétation des pins australiens et des mangroves s'estompe, ce sont des spectres de couleurs sur une aquarelle brouillée par l'eau, et soudain c'est l'arrêt du bateau en plein océan dans un rauque grognement du moteur. C'est là que les pêcheurs lanceront leurs lignes au fil de nylon, maniant leurs moulinets dans des cris, des halètements; c'est de ces eaux secouées par les jeux des appâts que gicleront les innocentes créatures aux yeux troués, aux nageoires lavées d'un sang bleu et pourpre. Longtemps, le rouget, le poisson aux ailes jaunes que l'on appelle le *yellowtale*, le poisson-chat, le poisson-roi, transvasés dans un seau, frétilleront de la queue, des ailes, dans la rose dorure de leurs écailles, avant que nous entendions sous le ciel le douloureux murmure, une plainte véritable comme celle des hommes, de leur dernier souffle.

Mais la pêche a été bonne, Renaud, Mazu et Pauline sont allègres, le teint bronzé par le soleil et le vent; ils attendront dans la même nuée de pélicans voraces que les capitaines découpent les poissons en filets, ces fruits des eaux dont Mazu nous offrira un banquet le soir.

Mais au milieu de l'océan, pendant que nous jetions nos lignes à la mer, chacune, chacun de nous a senti, dans la luminosité de l'eau, ce peu de poids, ce peu de chair qu'il est aux portes de l'infini, tel ce personnage dans le tableau de Léonid, chacun a senti passer sur soi aussi dans un frisson voluptueux, pourtant, ce qui sera le dernier souffle, ce souffle qui nous tient encore accrochés vibrants à l'appât de la vie.

Carnet 23

C'EST UN SOIR DE BROUILLARD sur cette côte du
Maine pendant que se découpent les baies, que
défilent les forêts et les lacs, sous une brume
bleue presque chaude comme l'est le brouillard des
nuits d'été dans le Maine, et nous nous approchons de
Bangor et de la résidence de Mary McCarthy; parfois
le brouillard est si dense que nous croyons nous
tromper de route, et lorsque nous arrivons là-bas, il
est si tard que tous nous attendent debout près d'un
feu de cheminée dans les parfums d'un repas
croustillant qui est déjà prêt depuis la tombée de la
nuit. Ils sont là, ils viennent vers nous, nous accueillent, le verre à la main, dans le salon jaune aux
hautes bibliothèques en bois de cèdre, Mary, son mari
James, Robert Lowell, Elizabeth Hardwick, ils sont
tous des poètes militants, ils écrivent dans les journaux, contestent la guerre du Viêt-nam et j'entends ces
voix unies dans leur modération, leur colère vaincue,
qui condamnent les bombardements au napalm sur
Hanoi et sa périphérie, la dévastation par l'aviation
américaine des plantations, des forêts.

Lorsqu'elles explosent, les bombes au napalm
projettent leurs milliers de gouttes meurtrières,
détruisant pour des décennies les forêts de bambou,

de bois rares, les champs où ne repousseront plus pendant vingt ans le riz, le manioc, la patate douce.

Pendant que j'écris ce carnet, je revois le visage de Mary McCarthy, j'entends sa voix, dans ce salon jaune où Robert Lowell avait soudain avoué souffrir d'une grave dépression depuis le début de cette guerre; il me semble entendre la voix de sa femme Elizabeth lui rappeler avec douceur que cette dépression latente, il en a toujours été accablé à travers le cheminement de son écriture.

Le poète qui porte un jean serré sur un corps mince est séduisant et timide, il fume beaucoup, parle peu, il a l'âme chargée de secrets qu'il ne peut partager avec nous. Seule Elizabeth, sa femme, connaît ces abîmes de la dépression et de la conquête de la sérénité que peut affronter cet homme tous les jours, dans la vie comme dans son travail où il tente d'éclaircir sa vision exacerbée du monde, c'est là où il se sent terrassé par l'écriture: pendant qu'il écrit, dit-il, les bombes ne cessent de détruire Hanoi.

Robert mourra d'une crise cardiaque dans un taxi, à New York, au retour d'un voyage en Irlande. Presque trente ans plus tard, lorsque je croise Elizabeth un soir, à Key West, parmi les écrivains invités que réunit un séminaire sur l'œuvre d'Elizabeth Bishop, Robert Lowell, ce grand garçon aux gestes maladroits me semble encore debout près d'elle, comme dans ce salon jaune d'une vieille maison de la Nouvelle-Angleterre, chez Mary; son souvenir est soudain si présent, le souvenir de la majesté de Robert dans la douleur, que nous nous regardons, Elizabeth et moi, bouleversées, conscientes de l'absurdité de cette mort du poète, dans un taxi, quand il ne pourra pas même revoir sa femme qui l'attend après cette longue absence d'où, avait-elle pressenti, il ne reviendrait plus.

Ce même soir, à Key West, l'apparition de Kevin McCarthy, ce frère de Mary qui lui ressemble tant, lui qui est vivant quand elle ne l'est plus, me charme et me choque, car il y a un pouvoir dans la longévité des hommes. Frank me dira plus tard que Kevin a quatre-vingts ans, mais ce soir-là, il ne paraît en avoir que soixante, cet air juvénile me provoque; si tard dans la vie, Kevin possède encore cette assurance des hommes longtemps jeunes, longtemps beaux, il a une jeune femme, de jeunes enfants, et sa sœur à peine plus âgée que lui, dont le dynamisme était si fécond et novateur, n'est déjà plus parmi nous pour pour-suivre sa vie de création.

Lorsque je le vois, c'est elle qui me manque, mais qui sait aussi si ces deux êtres ne se complètent pas l'un et l'autre même si je ne saisis pas la mystérieuse ascendance du lien qui les unit?

Un matin ensoleillé, à Key West, j'ai peut-être l'illumination de ce lien au moment où je m'y attends le moins, rue Whitehead que se disputent les chiens nonchalants couchés au milieu de la rue, les écoliers noirs qui reviennent de l'école et la course frénétique des collégiens sur leurs motocyclettes; rue Whitehead où je vais à la poste, Annie Dillard, la romancière amé-ricaine dont je viens de découvrir le grand roman, *An American Childhood* — «Une enfance américaine» —, arrête sa voiture jaune près de ma bicyclette, m'invite à la suivre chez Rollie pour rencontrer sa petite fille de huit ans. «Il faut que tu connaisses ma fille Rosie. Rollie l'a gardée ce matin pendant que je travaillais et je vais la chercher... et Rosie, c'est une enfant merveilleuse.» Mais pour moi, ce matin étincelant est un matin féroce, j'exprime à Annie mon inquiétude dans l'écriture de ces carnets, je lui dis aussi que ces souvenirs de la des-truction du Viêt-nam me dérangent. Annie répète: «Il faut rencontrer Rose qui est une enfant merveilleuse...»

Et c'est dans la maison de Rollie, tout près de la piscine bleue où nage Rose dans la lumière de son propre éclat mêlé au soleil, à l'eau, où je recevrai soudain le coup d'une autre révélation, que je verrai soudain parmi d'autres photographies récentes que Rollie vient de poser sur le mur de son atelier, après son exposition des photographies d'Elizabeth Bishop au musée de la Tour Martello, une photographie qui n'était pas sur ce mur quelques jours plus tôt, celle de Kevin McCarthy, dont le visage cette fois, tel que nous le montre la physionomiste Rollie, physionomiste des caractères autant que des visages, est vraiment celui de sa sœur, avec ses yeux perçants d'intelligence et son humanité.

Elizabeth Bishop écrit dans l'un de ses poèmes que le monde est minutieux, vaste et clair — *minute vast and clear* — devant cette photographie du frère de Mary le monde semblait un lieu très petit bien que très clair et très vaste aussi où nous retrouvions sans cesse les mêmes voix, les mêmes visages, quand avec la mort, ces voix, ces visages, nous avions cru ne plus les entendre, ne plus les voir et pourtant de toute éternité ils semblent avoir été imprimés en nous.

Carnet 24

LÉONID EST LE PEINTRE DE LA LUMIÈRE qui tombe le soir sur la baie de Truro, il est le peintre de cette unique lumière de Cape Cod qui incline à la mélancolie même par les beaux jours d'été. Sa femme, Sylvia Marlowe, est la claveciniste que les critiques new-yorkais comparent à Wanda Landowska dans les années soixante. Ce sont des compagnons inséparables unis par une même passion pour leur art, la musique, la peinture. Ils sont déjà à l'aube de la vieillesse lorsque je les visite avec Mary dans leur mansarde de New York laquelle est surtout meublée d'instruments de musique et de toiles qui dévorent l'espace. Léonid que Sylvia appelle Coco avec sa naturelle impétuosité, car c'est Léonid qui dicte à Sylvia son horaire pour les heures consacrées au travail, à l'enseignement, Léonid prépare une exposition de ses paysages de Cape Cod mais il est calme, debout devant ses toiles, son béret noir courbé sur le front. Sylvia s'agite autour de lui et fume beaucoup.

Les bons yeux de Léonid se posent parfois sur elle avec adoration, les yeux de Léonid ont une expression débonnaire comme les yeux d'un chien. «Coco, où sont mes cigarettes? demande Sylvia. S'il n'y en a plus, il faudra que tu descendes m'en acheter… Que deviendrais-je sans toi, Coco? Où sont mes feuillets de musique, je vois si mal depuis cet infâme zona ophtalmique…»

Sylvia est sur le point de donner un récital à Carnegie Hall et Léonid qui ne dit rien, obéissant avec docilité aux ordres de sa femme, allant quérir les cigarettes, les feuillets de musique, Léonid s'inquiète que Sylvia continue ses récitals de clavecin quand elle est si malade encore. Il dit doucement «n'est-ce pas un peu trop tôt ce récital à Carnegie Hall, tu n'es pas encore guérie et déjà tu te remets au travail…»

Sylvia dit d'une voix autoritaire qu'elle se sent assez bien pour jouer en concert, et comment pourrait-elle vivre désormais sans la musique? Et on entend dans le grenier, sous les toits de New York, cette musique fougueuse que joue Sylvia, la musique de Poulenc, de Manuel de Falla, musiques que la claveciniste polonaise Wanda Landowska a commandées à leurs compositeurs pour le clavecin. Ces pièces de Poulenc, de Manuel de Falla, feront partie du programme de Sylvia, dans quelques jours. Et pendant que l'on annonce le concert de Sylvia dans les journaux, c'est la découverte à New York du Living Theatre.

C'est la fascination de Barbara pour l'art anarchiste qui me pousse à assister à plusieurs représentations de cette troupe extraordinaire que Barbara appelle une communauté d'acteurs activistes; Barbara a pratiqué l'action non violente avec les deux fondateurs du Living Theatre, Julien Beck et Judith Matina. Mais sous l'apparence de cette anarchie, de ce désordre dans le jeu des comédiens qui se roulent sur la scène dans des costumes qui ressemblent à des manteaux de bure déchirés ou des tuniques de laine brune retenues à la taille par une corde, avec leurs corps pâles surgissant de leurs haillons, dans ce chaos de cris et de chants, c'est la discipline, la rigueur qui me frappe. Ce qui était pour Artaud «le théâtre de la Cruauté» devient ici le théâtre de l'insupportable réalité, celle de l'oppression, du racisme, de la guerre.

Les acteurs ne sont plus même séparés de nous par la distance du regard, ce qu'ils jouent, nous le sommes, ils marchent, piétinent autour de nous, l'espace qu'ils ont conquis et qui est la scène politique du monde avec toutes les calamités de son histoire.

Le Living Theatre impose son art de contestation, rien ne peut plus échapper à notre mémoire ni à la léthargie de la conscience. On revoit les victimes des camps de concentration comme celles de la guerre du Viêt-nam sous les bombes. Dans sa mansarde sous les toits de New York, Léonid peint le grand ciel bleu inamovible. Il dit à Sylvia qu'il faut garder la paix du cœur. Il pose des pansements humides sur les yeux de Sylvia, lorsqu'elle a longuement joué du clavecin, et l'incite à se reposer davantage. Elle ne l'écoute pas et Coco est repoussé par les airs irrités de Sylvia qui lui dit qu'elle n'a pas besoin de lui. Mais c'est la veille du concert et Sylvia veut savoir si sa robe de soie noire est toujours chez le nettoyeur, et pourquoi Coco est si négligent d'avoir oublié sa robe.

Puis, c'est la soirée du concert de Sylvia au Carnegie Hall. Léonid, Mary et moi regardons la fragile musicienne qui joue la musique de Poulenc, fragile et les yeux encore meurtris par le zona. Les bons yeux de chien de Léonid sont pleins d'inquiétude. Pourquoi sa femme a-t-elle accepté le récital de ce soir? Les critiques blasés et méchants ne tarderont pas à souligner la faiblesse de son exécution, car Léonid sent avec des pincements de cœur l'hésitation des doigts de Sylvia sur le clavier du clavecin, même si Sylvia joue avec la même impétueuse vigueur qu'autrefois, pendant ses concerts aux États-Unis, en

Europe; ce soir les critiques regretteront de l'avoir comparée à Wanda Landowska, ils oublieront la qualité de son éblouissant génie et n'auront aucune pitié de la musicienne devenue aveugle.

Fière dans sa robe noire, ses cheveux recueillis en chignon sur sa nuque, Sylvia joue la musique de Poulenc mais lorsqu'elle se penche vers le clavier, c'est la nuit, ses doigts glissent mollement sur ces notes qu'elle ne voit plus. Soudain Sylvia n'est plus sensible à ceux qui l'écoutent et la regardent, il y a des bruits de toux dans la salle de concert, une mêlée de soupirs mécontents, elle rentre seule dans ce voyage de noirceur de sa vieillesse, ce sera ce soir son dernier concert. Elle pense à celle qui l'a tant inspirée, l'impeccable Wanda Landowska qui avait dès l'enfance une maîtrise du clavecin, qui consacrerait sa vie à cet instrument, dans son enseignement de la musique comme dans ses concerts de musique contemporaine.

Sylvia est affligée que ses doigts jouent si mal soudain, comme si ses mains étaient pétrifiées par le froid, cette musique de Poulenc qu'elle connaît bien, qui est une musique fluide et déliée. Quant à Manuel de Falla, comment pourra-t-elle oser s'y attaquer quand elle se sent prise de ce nouveau vertige de l'impuissance? C'est Coco qui a raison, l'heure est venue de renoncer au clavecin.

Il y a un long silence dans la salle de concerts, nous n'osons pas regarder ces critiques new-yorkais qui se lèvent déjà pour sortir, avant la fin du concert. Léonid enfonce son béret noir sur sa tête. C'est l'hiver et le froid venteux dans les rues de New York, des personnages gris en haillons qui pourraient se produire sur la scène du Living Theatre traînent autour des poubelles, sur la respectable 44e Avenue. Vêtue de sa robe noire sous le manteau de fourrure, Sylvia rentre chez elle, au bras de Léonid.

Carnet 25

C E SONT DE LONGS SÉJOURS dans une maison sans électricité du Maine, laquelle est égayée le soir par les lueurs des lampes à l'huile, c'est une succession d'étés austères pendant lesquels j'écris un roman que m'ont inspiré mes amis Jack et Robert à Cambridge, c'est un court roman sur la responsabilité sociale, le désarroi personnel, c'est la naissance pour moi de cet être qui m'était inconnu avant la rencontre de Jack, mon ami étudiant de Cambridge qui sera détruit par les drogues, de Robert, le jeune écrivain noir meurtri à jamais par la cruauté du racisme, ces années-là aux États-Unis, c'est la naissance de David Sterne. Mes amis revivent à travers ce héros de roman qui est un personnage dont la jeunesse a été brisée.

Mary est absorbée tout le jour par ses carnets de dessin, elle dessine de sa plume de bambou les champs brûlés par le soleil, les pommiers aux ombres fraîches; sur le feuillet blanc des carnets l'encre de Chine révèle des formes, des images de la beauté du monde saisie sur le vif.

L'atroce guerre continue. Jack est devenu objecteur de conscience, il a fui au Canada; ne pouvant s'adapter il est revenu à Cambridge où il a poursuivi son errance et ses abus d'alcool et de mescaline.

Robert a écrit un roman autobiographique refusé par son éditeur; dans son roman, Robert raconte comment il a vécu de la prostitution dans les rues de New York. Le roman ne sera jamais publié.

Pendant que j'écris ce roman, les visages de Jack et Robert se confondent en une seule figure tragique, celle d'une génération vouée par les guerres, la guerre du Viêt-nam, la ségrégation qui a déjà fait tant de victimes, à une disparition précoce, une usure prématurée.

Parfois, pendant ces étés, Barbara vient se reposer; c'est peu de temps avant une mission pacifiste au Viêt-nam, c'est peu de temps aussi avant de voir sa photographie dans le journal, lorsqu'elle sera assaillie par les soldats pendant une manifestation avec ses camarades, à Saigon.

L'apparition de grands artistes traverse l'isolement de la campagne muette. Parmi d'autres artistes et écrivains qui se retirent dans le Maine en été, je vois John Cage créer sa musique à l'école de peinture de Skowhegan, il dit que nous pouvons tous participer à ses constructions de métal, que nous pourrions inventer des sons illimités nous aussi, il joue de sonorités diverses, instruments de percussion, rumeurs radiophoniques, micros, tous les objets dans la salle de concert qui, à l'école de Skowhegan, est une grange ouverte sur des prés où broutent tranquillement des moutons; les objets les plus humbles de la vie mécanisée se métamorphosent en une symphonie barbare et concrète qui heurte nos sens tout en les captivant. Un son aussi rude que le bruit d'une porte qui se ferme, jumelé au bruit de l'eau, au chant aigu d'une flûte, nous transporte ailleurs, vers ces régions sonores ensorceleuses qui sont le domaine de John Cage.

Pendant ce concert de John Cage, la forme de mon roman me préoccupe, j'aimerais entendre la voix du texte, sans doute serait-ce une voix cassée, comme la musique de John Cage; la forme n'en sera pas conventionnelle, car lorsque je pense à Jack, à Robert, aux bouleversements de ces deux existences, je me sens tressaillir des secousses, de l'énorme vertige d'être qui les ont habités tous les deux. Robert a survécu à ses peines, on ne le voit plus marcher sur les dunes, enveloppant de son bras les épaules de Jane, car depuis que Jane a perdu tous ses cheveux, pendant ses traitements du cancer du sein, on ne les voit jamais ensemble comme au temps de leurs promenades d'autrefois; découragé par les refus des éditeurs Robert persévère à s'enfermer pour écrire. Mais que deviendra-t-il lorsque Jane ne sera plus à ses côtés?

Parfois brille dans les yeux de Robert une flamme noire qui semble dire «je vous hais tous». Lorsque nous nous croisons dans les rues de Wellfleet, Truro, il ne me parle plus, ne semble plus me voir.

Je reprends plusieurs fois mon roman, donnant à l'écriture un ton indompté, fébrile; la musique du texte est celle d'un poème fragmenté, déchiqueté, tout en heurts, en coups sourds comme le sont les vies de Jack et de Robert. Le saut de Michel Rameau du clocher de la chapelle de son collège, ce saut sans cris, sans paroles, est le saut dans le vide de Jack du dixième étage d'un hôtel de Boston, la poursuite inlassable de David par les policiers est l'histoire de Robert que les Blancs assiègent et persécutent, dont la vie est sans repos, même cet oasis de la vie intellectuelle qu'il avait cru trouver en écrivant des livres.

Jack laisse une note. «Je m'envole, c'est trop dur et personne ne veut m'aider dans ma réhabilitation, je ne vois pas non plus quand finira la guerre. Adieu.» Pourtant, grâce aux militants, la guerre prit fin, et Jack aurait pu connaître quelques années de bonheur, en allant vivre à la campagne, en se mariant, ayant une famille, comme il le souhaitait, mais l'enfant des fleurs, le hippie à l'âme tumultueuse, s'est égaré en route.

Puis c'est le retour vers Wellfleet. Le roman est enfin terminé, bien que les vies de Jack et de Robert continuent de me peser. Par ces bois de pins de Wellfleet, de Truro, par le nœud des petites routes et des sentiers où poussent les champignons, je vais à bicyclette vers Provincetown, ville joyeuse, bruissante de l'amour des garçons les uns pour les autres, de leurs approches, de leur promiscuité tendre, dans les rues, les chambres d'hôtels dont les rideaux des fenêtres battent dans le vent, ville de libération sexuelle en ce temps-là, car le rigorisme de la morale se relâche et chacun exulte sa façon d'aimer et de vivre dans une liberté si neuve qu'elle en a un goût de sauvagerie et d'aventures enivrantes. Je n'ai connu Provincetown qu'en hiver, visitant avec Mary ses peintres et ses poètes qui vivaient cachés derrière leurs volets clos: ces grèves désertiques que tous avaient abandonnées sont maintenant les plages de l'été où se prélassent les beaux jeunes gens qui s'aiment, dont quelques-uns ont encore dans le regard les doutes et la candeur de l'adolescence.

Et soudain, longtemps après, la ville de Provincetown ne nous laisse plus entendre ces voix d'une sereine jovialité, ces voix qui étaient saines, insouciantes de santé; sous ce ciel bleu des étés de plaisirs et de fête, un mortel silence a foudroyé ces corps des dieux couchés ou endormis sur les plages. Le nombre des disparus serait long à compter parmi eux. Le souffle de la peste vient de passer.

Carnet 26

LE PRINCE ALEXANDER. Lorsque Nina prononce son nom pour la première fois dans ce salon aux tentures bleues où Éléna reçoit ses amis, dans sa maison de Wellfleet, il est déjà pour moi un être mythique. Nina est assise sur le sofa près d'Éléna qui tente de la réconforter dans ses angoisses matérielles. Nina, dont le passé appartient lui aussi aux lointaines dynasties des Romanov, est une petite dame frêle aux épaules voûtées; elle se confie à Éléna qui l'écoute dans cette respectueuse considération qu'elle éprouve pour ses amis exilés, le prince Paul, la princesse Nina, eux qui sont désormais emprisonnés dans les bois de Wellfleet avec leurs souvenirs désolés.

Nina dit: «Notre cousin Alexander va bientôt nous rendre visite, il ne doit pas savoir dans quelles conditions nous vivons. Paul a fait repeindre les murs de la maison en rose afin d'en sauver un peu l'apparence...» Éléna dit en français avec son accent germanique, «surtout ma chère Nina, ne vous abaissez plus à faire des travaux humiliants, je vous aiderai...» Car les deux femmes se vouvoient et se parlent toujours sur le ton d'une mutuelle déférence.

Nina dit en redressant les épaules: «Vous seule Éléna pouvez comprendre avec quel courage et dignité il nous faut continuer de vivre...»

C'est l'époque où Paul entreprend une biographie romancée du tsar Nicolas II Alexandrovitch; il écrit dans une pièce glaciale, en mordant ses crayons, le regard perdu devant lui sur les murs couleur de bonbon fondant. Qui était le dernier empereur de Russie? L'admiration de Paul apercevant le tsar, enfant, lorsqu'il n'était qu'une ombre autour d'un royaume et de sa magnificence, cette admiration qui fut si sincère s'est essoufflée; Paul parle de lui-même à ses amis écrivains comme «d'une souris qui veut accoucher d'un éléphant».

Paul comprend aussi que le rêve est désormais un cauchemar sur sa conscience; celui dont il vénérait la puissance quand il était petit garçon fut un homme sanguinaire, un tyran sans scrupules, responsable de massacres, dont le massacre retenu par les historiens comme l'un des plus cruels et des plus lâches, celui de centaines de grévistes dans les mines de la Sibérie.

L'humidité de l'hiver pénètre la maison sans feu, Paul écrit tous les matins et se promène l'après-midi sur la grève déserte avec son chien Noukfa qui court derrière lui en aboyant; jamais Paul n'a été aussi triste, car il est pauvre, sa femme, cet être d'une grande noblesse, doit s'abaisser dans des travaux de ménage; le dernier empereur de la Russie l'enveloppe d'un nuage de sang pendant qu'il se protège du vent de l'Atlantique, la tête rentrée dans son imperméable. Mais tout changera peut-être bientôt puisque le prince Alexander qui, dit-on, est un homme jeune et bon, qui a lu tous les livres, viendra.

Cette histoire pourrait se passer en un temps ancien, comme dans les livres de Gogol, et pourtant quelques-uns des personnages en sont encore vivants. Un soir de la fin de semaine, John Malcolm Brinnin, l'intime biographe de Truman Capote le poète de la rigueur qui fut capable de comprendre Dylan Thomas et le secret de son délire, me téléphone plusieurs fois, m'imposant presque de force de sortir de ma réclusion pour une rencontre avec «de surprenants amis, dit-il, il faut vraiment que tu sois avec nous, comme tu n'es pas même venue à la conférence sur Elizabeth Bishop... et surtout ce soir... viens à sept heures dans les jardins de la Maison Audubon, nous t'attendons...»

Lorsque j'arrive dans les jardins de la Maison Audubon, l'accueillante galanterie de mon ami John Malcolm me rassure à peine car je n'ai pas l'habitude de participer à de tels dîners parmi des mécènes et des banquiers; tous sont pourtant très gentils et s'intéressent à mon cas, celui de la femme écrivain solitaire dont les livres sont sans doute parmi les dix millions de livres de la bibliothèque de New York, leur ville, dans leurs librairies et leur langue, mais il y a trop d'écrivains en ce monde, ils ne les ont pas lus. L'heure du cocktail est apaisante, sous l'arbre aux orchidées, les nappes blanches brillent dans le reflet des lampes. Margaret, une lectrice fidèle qui a près de quatre-vingt-dix ans, me dit: «Vous aviez deux lecteurs, c'étaient de mes amis, vous les avez rencontrés chez moi, il y a quelques années... Malheureusement ils ne sont plus de notre monde...» Puis la dame dit avec impatience: «Vont-ils nous faire attendre longtemps encore pour le dîner, j'ai très faim...» Le nom de chacun étant écrit sur la table, Margaret cherche avidement sa place.

Voici la mienne, définie par le destin, ou une fée qui a guidé la main de John Malcolm ou de ses hôtes, je suis assise à la gauche du prince Alexander et en peu de temps nous parlons de Paul et de Nina, ceux qui étaient ses cousins et qui, eux aussi comme mes deux lecteurs fugitifs aux cheveux blancs, «ne sont plus de ce monde-ci», dit le prince, il est bien écrit sur le carton qui indique la place du prince, «Prince Alexander Romanov».

Il est vain de vouloir comprendre le mystère qui unit le prince au poète John Malcolm puisque nous nous retrouvons soudain tous dans le climat de l'invention des caractères, de leur recherche inattendue pour le romancier, le poète; John Malcolm a trouvé le prince et demain dans ses livres, il l'inventera.

Alexander est très grand, il a un air rêveur et des yeux verts, sa voix est envoûtante pendant qu'il parle à Margaret de ses préférences mondaines pour les clubs de Londres et de Paris, où se réunissent les gens de sa classe. Une femme s'étouffe en mangeant; j'ai vu son entrée resplendissante dans le jardin; la prenant par le bras, un garçon la conduit vers sa voiture pour «l'amener à l'urgence», dit-il; dans un scintillement de bijoux et de robe de soie, la femme disparaît dans la voiture. Il est étrange que, même longtemps après dans la soirée, personne, à part John Malcolm et moi, n'ait demandé: «Qu'est devenue la dame qui s'est étouffée pendant le repas?»

Il est vrai que le prince Alexander a lu tous les livres, il est bon, comme le disaient Paul et Nina, d'une bonté aérienne: soudain il se tourne vers moi et me dit avec une gravité que je ne soupçonnais pas en lui, «mes cousins Paul et Nina ont beaucoup souffert pendant leur jeunesse... Où est donc la dame qui s'est étouffée en mangeant et qui était si charmante?»

Carnet 27

DIEU EST AMOUR. Ces mots, je les lis au tableau noir posé sur le mur de l'église méthodiste de la rue Fleming, quand un vent de tornade plie et arrache les lourdes branches de palmiers qui s'écroulent sur les trottoirs; ce vent est si fort que ma bicyclette avance à peine vers le bâtiment rose de style espagnol qu'est l'église laquelle, à cette heure et dans la tempête qui fait rebondir les vagues de l'océan sur les planches des terrasses, est inhabitée, ses portes et ses vitraux scellés sur leur silence comme des yeux aveugles.

C'est dimanche que pendant son sermon le pasteur Esther Robinson prononcera ces mots dans l'implorante clameur des prières et des chants, «Dieu est amour». *God is love*. Personne n'ose être dehors aujourd'hui où, pendant quelques heures, l'électricité manque. Seule une petite fille aux longs cheveux tressés longe la rue Fleming sur ses patins roulants, étirant les bras de chaque côté dans l'effort de se battre contre l'air froid. Elle dit, passant près de moi, «je suis brave mais je ne vais nulle part, le vent me pousse toujours à l'arrière».

En 1963, Barbara dénonçait les crimes commis par les Blancs à Birmingham: des écoles, des collèges

flambaient avec leurs enfants noirs sacrifiés dans
l'explosion des bombes criminelles. En 1993, les massacres de la ville de Rosewood de 1923 sont évoqués
dans les journaux, et l'ancienne honte revient nous
tourmenter. Parfois c'est un témoin survivant qui
parle, il a vu dit-il l'arrivée des assassins dans la nuit,
ils ont lynché, tué presque la totalité des habitants
noirs de Rosewood, et ces assassins nient aujourd'hui
leurs crimes. C'est pour moi le seuil de l'enfer que de
tels crimes ne soient pas punis, même longtemps
après.

Dans le roman auquel je travaille depuis plusieurs années — et je ne regrette pas ce temps lanci-
nant que peut voler l'écriture à la vie, à ses joies, à ses
plaisirs, car chaque détail du roman doit être soigneusement traité et ce labeur exige beaucoup de
temps —, le pasteur Robinson devient le pasteur
Jérémy qui dit aussi dans ses sermons au temple que
Dieu est amour. L'innocence, l'humilité du pasteur
Jérémy l'empêche de tourner le regard vers le passé
et les meurtres de Birmingham et de Rosewood, mais
ses enfants, les enfants de la rue Bahama, Carlos,
Vénus, eux sont poursuivis par ces meurtres dans
leurs rêves. Les blancs cavaliers de l'Apocalypse
perpétuent leurs crimes, et Vénus et Carlos revoient
sans cesse ces écoles qui flambent, leurs collèges,
leurs temples.

Je dis à Cynthia dans l'ombre glaciale d'une
terrasse de café où nous allons nous asseoir l'une près
de l'autre qu'elle est un peu de mon personnage
Vénus pour qui les massacres de Rosewood sont
toujours présents, même dans son subconscient qui
fuit ces réalités par la drogue; Cynthia me dit que ce
fut le malheur de son jeune frère de s'évader ainsi
dans la cocaïne, le crack, qu'elle a elle-même connu
cette descente dans d'indescriptibles abîmes, mais

qu'elle a appris à se défendre mieux que son frère et ses cousins qui sont en prison. D'abord, il faut la force, dit-elle, sentir en soi une force sans pitié, ne plus jamais s'incliner devant les autres, il faut être implacable et conserver un masque de douceur. Cynthia est vêtue d'une robe de laine rouge, elle est provocante et sensuelle, elle dit avec un large sourire d'une intelligente moquerie: «J'ai lu ton livre *Le sourd dans la ville* en deux heures, alors tu as dû l'écrire en deux heures toi aussi; sérieusement, je pense comme toi de ce monde dans lequel nous vivons, j'aimerais bien pouvoir écrire tout ce que je ressens et ma vision du monde serait bien dure... Pourtant tu sais combien j'aime la vie... L'injustice profonde c'est qu'on envoie des soldats en Somalie quand chez nous, dans mon quartier, les enfants noirs n'ont pas encore été vaccinés... C'est cela le scandale de Rosewood aujourd'hui... je donne des rendez-vous à ceux qui n'en ont pas, je peuple le silence des corps... Est-ce si grave, jusqu'à présent je ne suis pas encore illégale... Et tout mon argent ira aux enfants, qu'ils en fassent donc autant ceux qui me jugent...»

Cynthia, vivante et rebelle à toute oppression religieuse et morale, Cynthia pourrait être la fille Vénus du pasteur Jérémy dans mon roman, ce pasteur qui aime Dieu et ses nombreux enfants mais qui reproche sans cesse à ses filles leur beauté, l'opulence de leur poitrine sous l'étoffe des robes légères. Cynthia danse en parlant, un tourbillon d'hommes s'agite autour d'elle, de sa voix langoureuse, de ses bagues, de ses bracelets frétillants sur sa chair sombre. Parmi les cadeaux, les paquets qu'elle transportera dans le panier de sa bicyclette — comment le pourra-t-elle, demande-t-elle en riant —, elle tient sur un cintre le chemisier de soie décolleté pour une fête du soir où elle chantera des blues; elle a aussi un cours de français à trois heures, une fille escorte ne doit-elle pas tout savoir, tout apprendre? dit-elle, et le raffinement de Cynthia est si naturel, son désir d'apprendre si dru et confiant qu'il me semble sentir en elle un être proche de sa victoire sur les ténèbres de Rosewood.

Dieu est amour, Dieu est mon guide, ces mots je les revois une seconde fois sur le chemin du retour, rue Truman, quand je marche à côté de ma bicyclette, m'accrochant au guidon de mes deux mains dans le vent qui gronde et emporte tout sur son passage, arbres et débris de toits; en me rapprochant de la mer, je vois un jeune homme courbant l'échine sous une immense croix de bois dans laquelle des clous ont été enfoncés, c'est parmi ces clous, sur la croix, que je lis ces mots, Dieu est amour, et le jeune homme sous la croix qui l'écrase, seul dans l'orage et le vent, crie et se lamente, «je marche tous les jours dix milles avec ma croix sur mes épaules, seul Dieu peut encore vous sauver, je vous le dis mais vous ne m'écoutez pas, Dieu est amour, pourriez-vous me donner deux dollars, s'il vous plaît...»

Le garçon misérable a raison, personne ne l'écoute. On n'entend que le sifflement du vent dans les rues vides.

Carnet 28

FRANCESE SHANNAHAN COMMENCE LA PRATIQUE de la sculpture à soixante ans. Ses amies sont des peintres, des écrivains, Mary se concentre sur l'étude de ses autoportraits, Diana dessine d'un trait torturé au crayon noir un arbre dont les branches ont été tordues par la tempête, le trait du dessin est précis et ferme comme si l'arbre au tronc déchiré nous retenait à l'intérieur de ses formes, de ses ramures, dans le désordre de son subit déracinement, Laetitia qui vit en Italie peint cette lumière de la Méditerranée sur les maisons blanches, sa douceur, l'indolence de ses couleurs dans ses paysages de Naples, de Capri. Francese observe, écoute ses amis: si la sculpture exerce une latente fascination dans sa vie, longtemps elle dira avec humilité, «je ne suis pas une artiste comme vous toutes, moi, j'aime vivre à la campagne avec mes chiens, je n'ai aucune vocation particulière, sauf comprendre ceux qui sont des créateurs, est-ce que la femme créatrice peut simplement survivre?»

Si la révolution féministe est encore à ses débuts hésitants pendant ces années soixante, Francese exprime pourtant sa révolte de voir les œuvres des femmes peintres, sculpteurs, toujours aussi méconnues et ignorées. Elle dit «même les critiques du *New*

York Times parlent à peine de Berthe Morisot, on ne parle que des influences masculines qui l'ont marquée, Manet, Corot... quand c'est elle qui a inventé cet éclatement de nuances, de tons dans la peinture intimiste...»

C'est aux côtés de Francese, de son amie Diana que je verrai une femme diriger un orchestre au collège de Brattleboro où, par ces fraîches soirées d'automne dans le Vermont, assises sur nos chaises droites des salles paroissiales, nous écouterons l'*Enfance du Christ*, la trilogie sacrée de Berlioz, le *Te Deum*, le *Requiem*, cette musique déjà moderne, révolutionnaire qui fut si longtemps incomprise du public; on disait autrefois une musique désastreuse, et soudain c'est une femme qui dirige un orchestre qui nous la fait aimer, assimiler avec le cœur, c'est Blanche à la tête d'un groupe de musiciens qui sont presque tous des hommes, c'est elle, une femme de soixante ans, comme Francese, à la fois virile et douée de cette tendresse expressive qui charme les musiciens, qui nous élève vers une sublime musique dont elle a perçu toute la féminine sensibilité.

Pendant un intermède de l'un de ces concerts, Francese marche avec moi sous une voûte de sapins; je la vois qui fume fébrilement, son visage aux traits classiques est parsemé de taches de rousseur, elle porte une veste de velours vert. Son grand corps de garçon se penche vers moi, je peux sentir l'odeur des fortes cigarettes qu'elle fume, pendant qu'elle me dit: «Je n'ai qu'à imiter Blanche si je ne suis pas satisfaite de ma vie... Parfois le succès de Diana me fait mal... Ce n'est pas sain, je n'ai qu'à commencer à faire de la sculpture et tout ira mieux. Après tout, Blanche a eu cette audace de nous surprendre tous... On lui disait toujours qu'une femme ne peut pas diriger un orchestre comme un homme... Elle a décidé de ne pas écouter les autres... J'agirai comme elle... On verra bien...»

C'est ainsi que Francese s'attaque résolument à ces matières qui lui résistent, la pierre, le bronze, le métal.

La pierre, le granit bougent à peine, longtemps les formes sont captives, leur inertie effraie Francese qui parcourt de ses doigts agiles la matière en apparence immobile. Et soudain apparaissent le front buté d'un agneau, les pointes des cornes agressives, des oreilles, des fronts d'incertains animaux aussi, préhistoriques ou fidèles à une ancienne mémoire du monde, tout est là, c'est la vie, son souffle, son impatiente respiration.

La pierre est lourde à transporter, Francese voyage vers les carrières, les grottes, dans un camion; ce corps de garçon est un fragile corps de femme lorsqu'il s'agit de porter des matériaux aussi pesants. Francese regarde tomber à ses pieds les blocs qu'il lui faudra soulever jour après jour, ces blocs encore informes de la pierre, du granit, sur lesquels s'inscrivent malgré leur lourdeur des êtres ailés. Ces dessins que l'on imagine aux doigts de Cocteau, de Picasso, dans l'air vibrant.

Soudain apparaissent des colombes, des oiseaux sans nombre, souvent indéfinis; lorsque Francese sent passer sur ses mains l'angoisse du doute, un effort qui serait une maladresse, elle laisse le travail inachevé, elle le livre à sa colère, à son deuil, dans un champ, un jardin. Partout la vie grandit. Ici un chat sous un cèdre, un lion, une grenouille, les souriants animaux recouvrent l'herbe, la pelouse que l'on a coupée aujourd'hui ou un tas de broussailles au soleil.

Car Francese sculpte nuit et jour.

Francese perd la vie par distraction dans un stupide accident de voiture dans ces montagnes du

Vermont où elle avait enfin recouvré un apaisement dans cet art si peu accessible de la sculpture. De la pierre, du bronze, du métal, des formes humaines transparaissaient peu à peu, l'inquiétude d'un sourire sortant de la terre, un visage dont les larges paupières se referment sur le silence de la pierre grise, érodée par les pluies. Car Francese travaillait dehors, au grand air, parmi ces arbres, ces bêtes qui inspiraient son art. Aujourd'hui, dans ces champs du Vermont, ce jardin, on voit encore ces statues figées parmi les herbes, ces sculptures sous la neige et le vent.

Lorsque je me promène avec Diana dans ces forêts, j'entends cette âme de Francese qui respire dans la pierre, je pense «où es-tu donc, pourquoi es-tu partie si tôt?»

Carnet 29

ELLE ME REÇOIT dans sa maison d'été à Cape Cod, c'est une maison blanche sur les dunes, près de l'océan. Mais la mère de Jack est sourde aux bruits des vagues, aux cris des mouettes et aux jeux des enfants avec leurs ballons sur la plage. Elle a tiré le rideau blanc de la cuisine sur nous qui nous adressons l'une à l'autre par petites phrases prudentes, d'une coupable discrétion. C'est autour d'un repas froid, un plat de poisson, une salade aux endives que nous ne mangeons pas, croisant parfois nos mains sur la table dans un geste d'impuissante amitié. Cette maison, ce chalet, est le lieu où Jack a grandi, et la mère de Jack n'a aucune intention de la quitter lorsque viendra l'hiver sur la côte. Toute la famille se réunissait ici en été, dit-elle d'une voix atone qui ne se réanimera que lorsque le nom de Jack, Jackie, sera prononcé. Elle pose une main veinée d'un sang bleu à son front et me demande en baissant les yeux comment j'ai connu Jack. Était-ce à Harvard où il avait obtenu une bourse ou au Canada? Je lui ai déjà dit plusieurs fois que c'était à Cambridge au bord de la rivière Charles, à Harvard, à la bibliothèque que j'avais rencontré Jack, mais Harriett ne semble déjà plus se souvenir. Ah! oui, se rappelle-t-elle soudain,

ouvrant tout grands ses yeux d'un vert gris qui
brillent — les yeux de Jack —, Jackie me l'a déjà dit,
n'est-ce pas le jour où l'on vous avait volé votre
bicyclette quand Jack vous a prêté la sienne, car mon
fils était aimé pour sa grâce, son élégante disponibilité, plusieurs personnes ont témoigné de ces qualités,
chez lui. La littérature germanique l'intéressait, il
pouvait réciter Goethe, il avait commencé à apprendre l'italien, et je l'avais toujours stimulé dans
ces intérêts divers, je ne voulais pas d'un fils qui fût
un Américain comme un autre, nous avions de
grands espoirs lui et moi. Aller vivre à l'étranger
quand ses frères seraient plus grands.

Tous, l'un après l'autre, ils ont été appelés à
servir la patrie. Il y eut cette horrible guerre, dit-elle
dans un soupir, poussant une mèche de ses cheveux
sur sa tête, je n'ai pas pu me laver les cheveux aujour-
d'hui, on annonçait encore de la pluie; qu'allons-nous
faire, dit-elle sur un ton que voilent le chagrin et les
larmes, comment pourrons-nous l'oublier? John et
Eddie ont étudié au MIT, ils ont continué leurs études
après la guerre du Viêt-nam, ils ont bien réussi, je n'ai
pas à me plaindre d'eux, ce sont de bons fils, ils
viennent me voir ici, Eddie voudrait me ramener
chez lui, près de sa femme, de ses enfants. Mais je
suis bien ici, chez nous. Et je lis beaucoup, la
bibliothèque de Jack est inépuisable... Que lisait-il
lorsque vous l'avez rencontré, Goethe, Dante? Je dis
qu'au moment de notre rencontre Jack avait abandonné ses études littéraires, que son inquiétude l'in-
linait plutôt à la lecture devenue obligatoire, alors,
dans les universités, d'ouvrages politiques. Harriett
n'a pas écouté, elle va vers le réfrigérateur qui est
vide, me dit-elle, elle en est désolée, elle eût aimé
m'offrir du dessert, mais elle me fera cadeau de l'un
de ces livres dans la bibliothèque de Jack, une étude

sur Dante qu'elle a trouvée dans la poche de son veston, dommage que le veston eût traîné dans la boue, et le jean et les souliers dans quel état... autrefois, dit-elle, Jackie était toujours si bien habillé. Mais un étudiant qui vit seul, sans sa mère, est souvent débraillé, ce fut le malheur de Jackie de se retrouver si seul soudain, sur un campus universitaire, sans secours, «aux prises avec... aux prises avec...» mais le mal assassin ne sera pas nommé, la mère de Jack se taira dans un silence pétrifié. Nous nous rapprocherons l'une de l'autre autour de la table, évoquant d'abord l'âme de Jack, son courage lorsqu'il devint objecteur de conscience, sa dignité en prison, à nouveau ses lectures, les penseurs de l'Orient à la fin de sa vie, nous serons toutes les deux soulagées, reconnaissantes d'avoir conservé impérissable l'image de son corps, bien que nous ne parlons pas toujours du même être; portait-il ses cheveux courts ou étaient-ils longs sur ses épaules? Cette image du corps jeune de Jack, Jackie, s'estompe vite dans la crainte que nous ressentons, Harriett et moi, de la voir se flétrir dans la pourriture. L'enfant des fleurs, le hippie qui prêchait l'amour libre, l'extase par les drogues, a embrassé sa solitaire agonie dans une ruelle d'où ne se releva plus son corps brisé. Lorsque vient l'heure de partir, je demande à la mère de Jack si nous pouvons nous revoir bientôt; elle me pousse tendrement vers la porte en disant: «Il vaut mieux se dire au revoir maintenant, je tiens désormais à être seule avec Jack ici. Vous avez d'ailleurs déjà dû le comprendre... depuis des années, je ne vois personne...»

Carnet 30

C'EST UNE NOTE DE PLOMB que l'on entend en franchissant le seuil de la maison de Ruth et Gardner, une note chromatique qui pourrait jaillir d'un opéra de Wagner, *Tannhäuser*, peut-être, c'est une suite de sons hérissés et somptueux, c'est la musique de Gardner lorsqu'il compose à son piano dans la salle de musique. Si c'est l'heure du cocktail, nous entrons dans la maison et en sortons dans un tintement de verres et de voix, quand le soleil se couche sur la mer, que les petits-enfants de Ruth et de Gardner reviennent joyeux de la baignade, en secouant leur cheveux mouillés sur la serviette qu'ils portent autour du cou, mais que ce soit le soir ou le matin, Gardner est toujours au piano dans les hauteurs de la maison d'où l'on voit une ligne bleue à l'horizon. Il écoute parfois la musique d'Yves, de Schoenberg dont il estime la puissance, l'exaltation, mais son exploration de la musique est une recherche forcenée de sons nouveaux, ce qui peut nous sembler, à nous qui l'écoutons distraitement en passant dans sa maison, un incompréhensible chaos de notes. Gardner était jadis pianiste de concert, le musicien vieillissant, le compositeur à la tête d'oiseau penché tout le jour sur l'abstraction des notes, redevient parfois ce pianiste classique, le dimanche lorsqu'il joue, avec Mary à la flûte traversière, debout près du piano, les sonates de Telemann, de Mozart. De mon atelier sous les pins, j'écoute cette mélancolique musique des dimanches; Gardner interrompt parfois un mouvement en disant à Mary: «Recommençons... c'est si léger, si doux à entendre cette sonate...» et il chante tout en recouvrant de ses doigts un enchanteur glissement de notes.

Lorsqu'il revient à ses compositions, l'allégresse mozartienne s'est évanouie, les doigts de Gardner se posent avec fureur sur un assemblage de touches rebutantes, les notes de plomb résonnent vers la baie, jusqu'au jardin où Ruth dit à ses petits-enfants: «Ne faites pas de bruit quand votre grand-père travaille...» Ruth dit aussi à sa fille dont elle prend la main: «Ton père compose, écrit un opéra, dit-il, et jamais il ne montre ses partitions à personne... Encore une fois, c'est une musique qui ne sera pas jouée dans un concert. C'est trop unique. Quand donc ton père fera-t-il comme les autres? Tous les artistes doivent vendre leurs travaux. Nous ne pouvons pas vivre que d'air et de sons dans cette famille...» Gardner ne mange pas beaucoup, on le voit rarement autour d'un repas avec les siens. Sa bienveillance attire pourtant à lui tous ses petits-enfants vers son piano, parfois il caresse du bout des doigts le duvet de ces cheveux de bébés. Il est vrai aussi, comme le dit Ruth, que Gardner ne tient pas à entendre ses compositions en concert. Il dit d'un air vague: «Un jour, on comprendra ma musique...» mais les années passent et personne ne voit encore ce qu'il écrit. C'est en Bretagne que je commencerai, quelques années plus tard, une pièce de théâtre, dont Jean Faucher et Lucile Leduc feront la mise en scène, dans laquelle Gardner devient le personnage Jean, un compositeur, un musicien lui aussi. En écrivant ce texte, *L'océan*, où il est surtout question de l'écriture, d'un père écrivain et de ses influences auprès de sa femme, de ses enfants, de son héritage spirituel, le doux visage de Gardner m'apparaît, ce sera Jean, le musicien candide et entêté, Gardner à la tête d'oiseau.

Dans la pièce, comme dans la vie, avec Gardner la musique joue le rôle de la douceur, de la limpidité qui contrastent tant avec la dureté de l'écriture et de l'écrivain. Les mots de Ruth à ses petits-enfants sont prononcés par Judith, la femme du musicien, à ses enfants, «ne faites pas de bruit, votre père travaille». Pendant qu'un compositeur travaille à cette musique de Jean pour le déroulement de la pièce, j'entends dans un café, pendant un voyage à San Francisco, les notes descendantes comme des glas, ces notes de Gardner. Longtemps après, on joue enfin sa musique, Gardner a consenti à nous la livrer; ce chaos incompréhensible, c'était nous, notre temps.

Carnet 31

LES COLLINES DE WELLFLEET, de Truro, dépouillées en hiver, retiennent encore quelques habitants; des familles isolées à l'extrémité d'une allée de sapins dont les maisons s'enfoncent dans des marais de ronces neigeuses, près des lacs; quelques peintres ravagés par la solitude, quelques fantômes d'intellectuels aussi qui piétinent les cailloux des grèves dans leurs flâneries moroses, mais, pour les uns comme pour les autres, Edmund ne cesse de susciter un intérêt par un éventail de personnalités exotiques qui semblent calquées sur les marionnettes tour à tour bonnes et mauvaises de son théâtre d'ombres. De ses doigts habiles, il soulève le rideau de velours noir d'où il exhibe le pied du pantin encore rattaché à la ficelle, dans sa botte de soie miniature, un prince, une sorcière, un démon au nez fourchu; ce soir il nous étonne tous lorsqu'il dit à Barbara au téléphone, elle qui ne sort jamais le soir: «Venez à six heures rencontrer Svetlana, la fille de Staline, je n'en pense que du bien, une femme fascinante.» Le message est souvent aussi court et impérieux, mais c'est un ordre.

Dans ces multiples biographies de Staline que nous consultons dans la bibliothèque de Barbara, mon regard hésite devant deux photographies d'enfance, l'une de Svetlana assise près d'une mère, une sombre madone, une apparition de divine douceur dans ce foyer infernal, dont Svetlana semble éprise, sa tête bouclée penchée sur le côté, effleurant l'épaule maternelle, et la seconde, d'un ordre qui me perturbe parce que le rideau de velours noir s'écarte sur un pan d'enfer, Svetlana alanguie, enfant joufflue dans sa robe à rubans, ses bas de fil épais, ses grosses chaussures, Svetlana qui rit à dix ans dans les bras de son père. Son père qui est Staline. Barbara répète qu'elle ne sortira pas ce soir, qu'elle doit terminer son article pour la revue *Liberation* sur la Marche de la Paix à Washington. Les princes Paul et Nina de la Russie impériale détruite éprouvent eux aussi des frémissements hostiles à une telle rencontre dans le salon aux tentures bleues, puis à la fin Paul soupire, dans l'espoir d'une réconciliation qui lui semble insensée: «Staline, c'est le passé, Nina, cette pauvre femme est innocente, la petite Svetlana a à peine connu sa mère qui a été assassinée sous la dictature de son père.» La petite Svetlana, c'est autour d'elle, la petite fille de la photographie sur les genoux d'un paysan, le fils d'un cordonnier au visage grossier et bonhomme, sous les jets fournis de sa moustache brune, ce bon père et cette bonne petite fille qui l'aime, c'est autour d'eux que nous nous réunissons, Éléna scrutant son invitée de son regard bleu pénétrant et aigu, Barbara, timide mais prête à confronter les calamités de l'ère stalinienne, ses innombrables exécutions et purges sanglantes, Paul et Nina, condescendants et réservés, dans leurs pauvres habits rapiécés, mais il vaut mieux sortir, aller chez Éléna que d'avoir froid dans la maison sans feu, dit Nina, ils espèrent malgré tout entendre tous les deux ce soir-là le chant râpeux de la langue russe, un poème de Pouchkine peut-être, dit Paul, qui émanerait tout pur des lèvres de Svetlana, l'écolière d'autrefois qui fut si tôt ravie par la poésie de Pouchkine. Cette passion de la littérature russe, Svetlana nous dit d'une voix claire, détachée, d'un détachement qui me glace les os, qu'elle est venue l'inculquer aux étudiants américains, ces barbares de vos universités si riches, dit-elle, avec l'enseignement de la littérature de Kafka, cet écrivain merveilleux et implacable, mais comment pouvez-vous comprendre Kafka dans ce pays? semble-t-elle nous dire en arrêtant ses yeux sur nous, accusatrice. Edmund écoute Svetlana, le col de sa chemise déboutonné sur son écharpe colorée de rouge. Il souhaite voir Svetlana si confortable chez lui qu'il lui a cédé son fauteuil de cuir où personne n'ose s'asseoir, il demande à Éléna si les volets sont bien fermés car rôde une bise d'hiver sifflante, c'est cette bise et son fracas de feuilles volant aux fenêtres qui fait frissonner Svetlana sous son écharpe de laine qu'elle semble avoir tricotée elle-même car il y manque quelques mailles. «Quelle femme adorable et cultivée, dit Edmund à Paul qui l'écoute attentivement, son livre sera bientôt publié à New York et j'en parlerai dans l'un de mes articles. Quel courage, quel héroïsme... Je me réjouis qu'elle ait décidé de venir s'établir dans notre pays avec son mari. Ils arrivent de l'Inde... c'est là que je les ai rencontrés pendant une conférence. Quelle femme profondément féminine...» «Ah! oui, dit Paul, en inclinant la tête, quelle femme courageuse...» Ces mots sont échangés dans le corridor pendant qu'Éléna, agacée par la conversation des deux hommes, ajuste les volets contre le vent, recueille des mains de sa fille Helen, dans la cuisine, un plateau de boissons chaudes et des biscuits. Helen qui veut aller danser à la discothèque avec ses amis adolescents, les jumeaux des voisins dont les cheveux coulent jusqu'à la taille comme une pluie d'or, supplie sa mère de la laisser sortir. «Non, dit Éléna sévèrement, écoute plutôt les grandes personnes qui ont ici beaucoup de choses à t'apprendre.» Mais Helen regarde la charmante dame du salon et ne veut pas savoir qui était Staline, moins encore sa fille qui, avec son teint de pêche, son sourire appliqué sur un visage grassouillet, lui paraît aussi rigide qu'une enseignante de son collège, ce collège près de Boston où Helen s'ennuie car elle est toujours la première de sa classe, dans toutes les matières. Pendant ce temps, Svetlana, plus calme qu'à son arrivée, se détend dans le fauteuil de cuir, émue de cet accueil, elle reprend confiance en ce qu'elle appelle la leçon de l'histoire; soudain, elle nous dit franchement ce que nous voulons entendre, les hommes d'État soviétiques qui ont succédé à son père lui ont fait une injuste réputation, ce fut jadis un homme pieux, un séminariste guidé par sa foi en Dieu, il a lancé un mouvement politique qu'il croyait salutaire, mais la révolution l'a égaré, il a été aveuglé par la gloire. Se souvient-on seulement des livres qu'il a écrits sur la nécessité du marxisme? Ce père a été le rédacteur d'un journal qui a aidé à l'avancement de son peuple, il a souffert plusieurs déportations en Sibérie, ce père était bon, c'était le mien, dit Svetlana. Et Trotski? demande Barbara, interrogeant Svetlana sans colère, et Zinoviev, et Kamenev, tant d'autres de ses disciples qui ont été éliminés? Toutes ces tortures, ces camps de concentration, ces milliers de morts? Quoi penser de tout cela? demande Barbara. «Ce fut un bon père», répond Svetlana de sa voix placide, mais lorsque Nina demande ce qu'est devenue la sombre madone, la jeune mère de Svetlana sur la photographie, il y a un long moment de silence, puis Svetlana dit à Paul et à Nina en russe et pour eux seuls: «Ah! maman, maman qui était si belle, ils l'ont assassinée...»

Carnet 32

EN CES SOIRS D'ÉTÉ où les feux de grève élèvent leurs flammes vers le ciel rougissant, quand grondent les vagues de l'océan, tous les couples sont dehors sur les plages, humant l'air chaud de juillet, sa clémente brise lorsque viendra la nuit; tous recueillent dans les dunes, sur la plage, de sèches branches de pin qui crépiteront dans les flammes, des épaves, des débris de bois brun que le passage de l'eau a érodés, on y voit le cercle des trous dans les madriers, des planches qui ont longtemps flotté à la dérive. Toute la ville semble être rassemblée là autour de ces feux de joie qui montent dans le ciel, c'est la fête des sublimes étés même si les couples, eux, le long des plages où, le visage empourpré par les flammes, pendant qu'ils jettent au feu leurs fagots de roses et d'épines, continuent de se harceler, de se tourmenter les uns les autres. Les plus sages, les plus dignes sont assis dans leurs chaises longues de toile, ce sont les vieux philosophes Adélaïde et Charlie aux pommettes roses, sous leurs chapeaux de paille; leur celtique présence rayonne, ils discutent calmement, un livre sur les genoux, de la philosophie de Marcuse, de Reich, ce sont les philosophes de l'heure que Jack lisait à l'université. Adélaïde commente quand même «que cette civilisation industrielle finira mal...» et il répond, Charles, cet érudit qui écrit des livres sur les prodigieux changements de l'an 2000, «après cette civilisation industrielle, ce sera le paradis pour nos enfants, mais nous ne serons plus là. Ce sera l'ère du monde matériel redistribué avec justice entre les nations...» Allongés dans leurs chaises de toile, Gardner et Ruth sont là aussi, échangeant de semblables propos avec Adélaïde et Charles, bien que Gardner, distrait, se lève soudain pour aller marcher seul vers les vagues, les pieds dans l'eau, avec son pantalon blanc qu'il tient relevé sur ses genoux; il note un son, dans son carnet, prend de sa poche une flûte à bec dont il tire de lancinantes mélodies orientales, japonaises nous dira-t-il plus tard, qui se perdent en écho dans le cri ininterrompu des mouettes et le bruit des vagues.

L'un des enfants suspend sa course sur la plage et dit dans son essoufflement que ses sandales ont été égarées par les vagues; les adultes ne l'écoutent pas, ce sont Gilberte et Anthony disant à Christophe de s'éloigner d'eux, de les laisser seuls, ils ont à se parler. Christophe entend ces cris, ces hurlements: est-ce cet été que ses parents se sépareront? «Infidèle, traître, bien sûr que tu peux partir et m'abandonner avec le petit, va vivre à New York près d'elle... Mais tu ne partiras pas sans tout me laisser.» «Ce n'est pas ce que j'ai dit», répond Anthony d'une voix affaiblie par les coups reçus, car ils se querellent ainsi depuis plusieurs jours, dans les bois, sur la route, dans le camion d'Anthony. «Ce n'est pas ce que je veux... j'aime mon fils, je ne peux pas vivre sans lui... Il viendra s'installer avec moi à New York...» «Christophe est à moi! Jamais, tu me tuerais plutôt, lâche!» Oubliant la perte de ses sandales, Christophe s'assoit à l'indienne dans le sable, il taille un bateau à l'aide de

son canif dans un morceau de bois délavé; lorsque le
bateau sera achevé, il l'injectera dans une bouteille, le
bateau captif fera partie de sa collection de bouteilles
figuratives, de constructions de verre, d'où bougent
dans de l'eau de mer des cailloux, des paillettes de
sable blanc, parfois un poisson rouge, un papillon qui
ne survivront que quelques heures à leur emprison-
nement, sur la tablette de la commode, dans sa
chambre. C'est de la fenêtre de cette chambre que
Christophe voit le domaine hanté de sa mère, sa
chambre avoisinante, et au-dessus, les tours qu'elle a
fait dresser, d'où elle croit entendre lorsqu'elle y
monte seule le pas des soldats allemands, dans la
cour du jardin. «Quelle erreur, dit Gilberte, furibonde
contre son mari qui essaie de dénouer la corde d'un
cerf-volant sans la regarder, ses yeux jaunes sous les
sourcils froncés fixant l'horizon en feu, quelle erreur
d'être venue ici en Amérique du Nord, par amour
pour toi... J'ai été folle... je ne savais pas ce que je
faisais. J'avais une grande réputation en France,
comme résistante, après la guerre. J'aurais pu obtenir
un poste officiel comme plusieurs de mes amis en
politique... Mon Dieu, quelle erreur! Heureusement,
il y a eu Christophe...» «Christophe, c'est un peu moi
aussi, dit Anthony, impassible, j'aime cet enfant...»
«Je te hais tellement», dit Gilberte. Autour des bra-
siers qui se consument, d'autres rient, dansent,
chantent, font cuire le poisson frais acheté au port de
Wellfleet l'après-midi, s'égaient avec la conversation
et le vin; je cueille des bouts de bois pour nourrir le
feu; vêtue d'un short rouge, sur ses jambes effilées,
Mary, à quelques pas de Christophe, déplie un banc
de toile d'où elle fera quelques croquis du profil bou-
deur de Christophe, contre le fond de ce ciel rouge et
embrasé. Je suis à genoux près d'eux qui ont tourné
leurs visages vers les flammes, Robert et Jane, le

temps est chaud, mais, pour cette sortie qui sera l'une des dernières, Jane s'est enveloppée dans une couverture de laine, ses cheveux jadis si souples et abondants repoussent droits, revêches au sommet de son crâne rasé, pour les traitements; Robert plaque sur les maigres épaules de Jane ses larges mains, il dit à Charles et Adélaïde: «Comme écrivain noir, engagé, je tiens à vous dire que mes opinions ont changé, je ne crois plus à la non-violence. Les Black Panthers devraient reprendre notre héritage, cela ne peut se faire dans ce pays que par la violence armée...» «Enfin, mon garçon, dit Charles, vous qui êtes si civilisé, si intelligent, qu'est-ce que vous pensez pouvoir obtenir par des moyens de terreur? Pourquoi n'allez-vous pas vivre avec Jane à Paris comme James Baldwin... ce pays n'est pas encore prêt pour vous... mais attendez quelques années... il le sera. Écrivez... c'est tout ce qu'il vous faut faire, nous dénoncer...» Robert étouffe un ricanement. «Ah! écrire... écrire... N'avez-vous pas compris que je n'en suis plus capable... Mon éditeur me doit beaucoup d'argent pour mon premier livre. Comment pouvons-nous partir, quand Jane est encore malade...» «Je guérirai, dit Jane, remontant la couverture de laine sur son visage décharné, d'ailleurs, depuis le commencement de l'été je vais beaucoup mieux... je suis en rémission... j'ai confiance... n'est-ce pas Robert?» Robert regarde ailleurs, il y a avec nous l'une des filles d'Adélaïde et de Charles, c'est une étudiante en architecture à Harvard, elle s'étire dans son maillot de bain sur le sable, Robert l'amuse, ce garçon noir a la férocité d'un lynx dans le regard, mais il n'est pas auprès d'elle sans une invitante douceur et, de plus en plus, les liens interraciaux, comme le dit son père, seront à la mode, bientôt ce sera tout naturel, le mariage des races. Son père a toujours vu plus loin que les autres, comme le philosophe Marcuse. Ces pensées, Robert les lit dans le regard conciliant, amusé, de la jeune fille. Il délaisse Jane, s'approche de l'étudiante, «je ne suis pas d'accord avec vous pour Marcuse... Mais nous pourrions parler d'autre chose. Venez dîner chez nous avec vos parents, dimanche...» «Non, votre femme ne se sent pas assez bien, dit l'étudiante... je n'aimerais pas vous déranger...» Les feux crépitent sur la grève. On entend la voix caverneuse de Jane qui dit avec la résignation du désespoir: «Venez dîner chez nous dimanche. Je me sens assez bien... et puis cela ferait tellement plaisir à Robert.»

Carnet 33

QUE PENSE BARBARA par ces jours brûlants du mois d'août lorsqu'elle est consciente de la fin de tous ces voyages sur cette terre, qu'on l'attend ailleurs loin des rives souriantes du canal de Sugarloaf, loin de ses eaux vertes dans lesquelles il faisait si bon nager tous les jours, se laisser porter à la dérive par sa barque? Elle entend le rire de ses amis au loin, ils ont cueilli dans les arbres aux larges feuilles soulevées par le vent les citrons verts aux acides saveurs qui désaltèrent la soif; désormais, elle reçoit ses amis dans sa maison sur pilotis, au bord de l'océan, faible, elle pense que la petite maison pourrait partir avec elle, dans le roulement d'un cyclone, dans un souffle venu du ciel noir et assombri soudain, vers les eaux vertes du canal, leur furieux débordement jusqu'à cet autre monde qui sera bientôt le sien. La chaleur, le soleil, la tiédeur sucrée de l'air qui grisent ses amis assaillent ses sens engourdis par une extrême fatigue, le froid pénètre sa poitrine à travers les vêtements chauds qu'elle porte, un gros imperméable de pêcheur, une écharpe écossaise, et à ses pieds, d'encombrantes bottes qui la protègent de l'humidité et d'une perpétuelle sensation de froid qui semble accompagner, pense-t-elle, cette présence de la mort qui approche, se tenant à la dérobée, furtive, bien qu'elle soit là toute proche. Elle n'ira plus en Chine, elle ne partira plus sur les routes, jamais elle ne reverra ces murs de la prison de Birmingham et ses camarades Yvonne Klein, Ray Robinson jeûnant dans leurs cellules, lesquelles étaient si près de la sienne qu'elle pouvait leur envoyer des messages à travers les barreaux.

Elle revoit ces visages émaciés tendus vers elle sous le grillage de fer: «Courage, dit Yvonne, courage, quelques jours encore seulement et les policiers comprendront le but de notre action non violente, nous ne voulons que la fin du racisme dans ce pays...» Barbara murmure dans un souffle... «J'ai si soif... Cela fait plus mal que les coups qui m'ont brisé le dos. Et toi, si jeune, Yvonne, tu as la tête d'un vieux lion malade...» Leurs messages codés sur du papier hygiénique, leurs conversations volées au silence des murs sont parfois humoristiques, surtout il faut feindre la bonne humeur et ne pas céder aux pressions des gardiens lorsqu'ils viendront vous lier les mains avec des cordes pour vous nourrir de force.

Mais la soif... pour survivre, ils accepteront de boire. Et c'est le geste de pitié d'un gardien qui leur apportera un verre de jus d'orange: ce miracle de la soif apaisée, Barbara qui n'éprouve, ne ressent presque plus rien, à part ce froid dans ses membres endormis, si près du sommeil ininterrompu, ses pauvres membres rongés par de sinueuses douleurs, ce miracle de poser ses lèvres contre le verre et sa buée de fraîcheur, ce goût âcre de l'orange qui coule dans sa gorge, combien Barbara aimerait l'éprouver à nouveau. Les jeunes gens sous les arbres savourent les citrons verts, leur saveur acide, amère; à quoi bon l'activité de toute une vie, tant de combats et de luttes sans défaillances, pense Barbara, si c'est pour achever ainsi son existence dans la passivité des membres endoloris, infirmes, leur engourdissement aux plus délectables sensations de la vie?

Puis, le chat a été piqué par un serpent venimeux, ce matin. Tout meurt, tout périt. Louis a été enterré sous les lauriers-roses, les hibiscus rouges au cœur d'or continuent de croître en abondance cette année. Et penchée sur sa canne, Barbara regarde les eaux vertes, transparentes dans la lumière du soleil qui les échauffe, du canal; bientôt ses amis sortiront ici leurs canots, leurs barques de pêche, des enfants se baigneront, dans cette multitude de vies qui l'entourent, celle de la végétation touffue et parfumée, la vie des animaux, des insectes dans leurs refuges dans le sable sous les plantes repliées et cachées. Qu'est-ce que la vie de Barbara dans cette géante création de la nature qui continuera de vivre sans elle? Elle ne fut que ce papillon aux ailes de velours brun qui vient de se poser sur sa main. Elle est venue, elle part. Mais est-ce bien l'heure? Cette nuit ou demain?

Pas aujourd'hui, non. Des étudiants de la Caroline du Nord viennent la rencontrer pour discuter avec elle de sa plus récente conférence à leur université, il y a de cela à peine quelques semaines, mais le mal a eu une subite progression: déjà si vite, comment en contrôler la destruction maintenant, l'érosion dans ses muscles? Cette conférence parlait de la nécessité de laisser son esprit constamment libre (le mot *liberated*, libéré, serait plus juste), les étudiants émus par la conviction de ses idées avaient promis de venir jusqu'ici, pour la revoir, lui montrer ce qu'ils avaient écrit sur elle et la révolution des années soixante. Des enfants, pense Barbara, qui n'avaient pas vécu ces années de tourments politiques.

Mais elle leur exposerait ce passé honteux, la honte de Birmingham, des écoliers noirs assassinés dans les écoles, les collèges, peut-être ces étudiants de la Caroline du Nord continueraient-ils son combat. Elle se sentait si lasse. Étrangement, sa pensée glissait toujours vers le goût acide des citrons verts, elle eût été si réconfortée de sentir couler dans sa gorge le liquide pétillant des citrons verts. Cela eût été comme la secousse d'un léger réveil dans l'assoupissement de son corps de plus en plus immobile, inerte. Elle eût préféré ne voir personne aujourd'hui, écrire un poème qu'elle déposerait sous le laurier-rose, pour Louis, écrire comme lorsqu'elle avait quinze ans, vivait dans les arbres, grimpait le long des murs, était toujours dans un état d'amour pour tout ce qui vivait et frémissait autour d'elle. Soudain le vent n'agitait plus les feuilles. C'était sans doute l'heure de rencontrer les étudiants venus de si loin pour la voir. Lorsqu'elle entrerait dans sa chambre ce soir-là, elle en fermerait soigneusement la porte, peut-être aurait-elle le temps d'écrire ce poème après tout, un peu plus de ténacité, de vaillance et elle le pourrait.

Dans ce poème elle écrirait:

J'ai éteint la lampe
la nuit est complète,
j'attends.

Carnet 34

JOHN EST EN CHINE, dit Barbara Hersey, je me dis qu'il est bien là-bas, dans le pays où il est né et qu'un jour, quand il en aura envie, il reviendra. C'est ainsi que me parle dans sa sagesse, sa pondération, Barbara, la femme du grand écrivain John Hersey quelques jours après la déchirante épreuve d'avoir perdu celui qui était pour elle plus qu'un mari, mais aussi un ami complice et aimant pendant toute une longue vie à deux. Soudain un couple magnifique se défait, on ne sait qui disparaîtra en premier, dit Barbara, de l'homme ou de la femme, mais le premier qui s'en va laisse l'autre dans un deuil atroce. Nous sommes assises au soleil, Barbara et moi, à la terrasse du *Café Exile* où, à peine quelques semaines plus tôt, John était avec nous, il était là aux côtés de sa femme bien-aimée, de ses amis John Malcolm Brinnin, James Merrill, David Jackson. Il leur parlait du roman qu'il écrivait, l'Asie le fascinait encore, confiant en l'avenir, David disait à John qu'il serait là encore parmi eux pour la publication de ses œuvres complètes en septembre, ces œuvres complètes de David, romans, essais, nouvelles, dessins qu'il consent enfin à publier à soixante-dix ans... «Ce sera un gros livre, dit David, plein de choses diverses

et qui portera simplement mon nom: David Jackson.
Je n'ai pas pensé à un autre titre. Puisque ce livre,
c'est toute ma vie.»

John a été fils de pasteur, en Chine. Plusieurs de
ses romans, de ses nouvelles se passent en Chine ou
sont très marqués par les impressions orientales qui
ont côtoyé son enfance. L'équilibre mental de John, sa
philosophie de l'existence, son effacement et son
esprit nuancé sont chinois. Il est pénible d'entendre
parler de cet homme énergique soudain au passé. À
Cambridge, Jack et moi lisions ses livres.

Hiroshima, le grand témoignage de John, nous
bouleversait. Avec ces mots affligés que lui inspirait
sa compassion pour le peuple japonais, John accusait
les Américains, dénonçait l'immensité de leurs crimes
lorsqu'ils avaient lancé le 6 août 1945 la première
bombe atomique qui devait faire plus de 150 000
victimes; tant de ces victimes survivraient hélas, avec
leur peau brûlée, leurs yeux aveugles, leurs membres
encore déchiquetés par le feu comme des plaies
béantes. Au temps où nous lisions ce livre, Jack et
moi, le napalm brûlait les champs de riz du Viêt-nam,
des générations de jeunes Japonais étaient encore
agonisantes des effets de la bombe qui avait anéanti
le port japonais. John Hersey était allé au Japon avant
d'écrire son livre, il avait vu toute cette dévastation
qu'il décrivait. Lorsque nous avions lu son livre, nous
savions que le grand écrivain qui enseignait la littérature à l'Université de Yale condamnait ouvertement
dans ses écrits la guerre du Viêt-nam et le retour aux
mêmes massacres par les bombes de napalm.

J'étais parmi ces lecteurs de John sans savoir que
je le rencontrerais un jour à Key West avec Jim et
David, notre regretté ami éditeur James Boatwright,
le jour viendrait où je verrais ce doux visage de John,
son corps exagérément long ployant vers ses amis

cette tête de sage, une tête mince aux yeux sombres dans lesquels on voyait l'agilité de son esprit, la pitié de son cœur aussi. Toutes ces qualités, on les lisait aussitôt dans un regard qui s'attardait discrètement à comprendre qui était l'autre, le saisissant avec humour. Par un jour de grand soleil qui illumine toute l'île où l'on voit même la queue noire d'un chat dans les buissons, cette queue et son battement joueur sur l'herbe, la silhouette de John que je rencontre à bicyclette me semble se projeter sur le trottoir comme une ombre malade, je la sens lourde de tristesse. John me dit qu'il a besoin de repos mais qu'il continue d'écrire tous les jours, il me parle de la traduction du roman de Michèle, *Death of the Spider* («La mort de l'araignée») par Neil Bishop qu'il a beaucoup aimé. John s'intéresse aux problèmes de la traduction, il en discute souvent avec Richard Wilburn, le traducteur de Dante dont les traductions sont bien connues. Par ce jour où John est très inquiet de sa santé, il a la délicatesse de me demander si je travaille bien, si le toit de la maison a enfin été réparé; je lui dis qu'en cet hiver 1992 si ingrat, les catastrophes ne cessent de s'accumuler, je commence à en rire moi-même montrant à John mon pied enflé par une morsure de scorpion. Le temps est superbe. L'ombre de John s'agrandit sur le trottoir. Je vois son corps maigre, ses hautes épaules se courber comme sous un fardeau dont il ne parle pas.

Le 15 mai, il y aura une célébration à l'Université de Yale en l'honneur de John; Barbara, les enfants de John, Brooks la fille de John et de Barbara seront là. «Nous serons heureux ce jour-là, dit Barbara, John attendait toujours cela de nous, le bonheur. Il ne lui restait que quelques heures à vivre et il nous disait, surtout ne pleurez pas, pensez combien nous avons été heureux, et vous qui restez, vous le serez encore.»

Le blanc cottage sous le palmier, où le soir se retrouvaient les amis, la remise dont John avait fait son atelier d'écriture, où il aimait se recueillir tous les matins, Sam qui aboie dès que l'on franchit le seuil, le chien jouet, boule blanche au museau noir qui peut voyager dans un minuscule panier, tout cet univers de John, Barbara est encore là pour le partager, mais dans le silence aigu désormais de celui qui est parti tout enveloppé de son mystère. Mais celui qui a eu le courage et la grandeur d'écrire *Hiroshima*, de compatir par la force de ses mots à la douleur de 150 000 Japonais tués par la bombe atomique, à l'incommensurable douleur de tout un peuple privé en quelques instants d'espoirs, d'avenirs, de nombreuses générations assassinées dans le ventre de leur mère, celui qui a écrit ce livre ne survit-il pas par sa conscience, son esprit qui continuent de nous influencer de ses ondes pacifiques?

John ne survit pas. Il vit. Il sera toujours vivant. C'est un témoin historique qui est aussi un prophète alarmé par les désastres de notre temps, la famine, la guerre. John nous dit dans ses livres: «Hiroshima, c'était hier, mais Hiroshima pourrait bien recommencer et cette fois il n'y aurait pas même de survivants.»

Carnet 35

L A FEMME DU POÈTE ET TRADUCTEUR CÉLÈBRE aime
sortir seule. Elle se tient toute droite sur le siège
de sa bicyclette, sa casquette rabattue sur ses
yeux qu'elle isole de notre regard sous d'épaisses
lunettes noires. On les appelait à l'époque, lui et elle, le
couple de la splendeur, le couple doré. Ils sont encore,
à plus de soixante-dix ans, ce couple flamboyant que
chacun remarque, lorsqu'ils longent les rues de l'île le
soir, main dans la main, dans leurs blancs costumes,
pieds nus dans leurs sandales de cuir. Ils sont plus
grands que tous les autres, leur démarche est fière et
digne, lorsqu'ils reviennent du sauna, de la palmeraie
où ils jouent au tennis, l'air est magique autour d'eux,
ils s'aiment, ils sont beaux, cet air magique qui enso-
leille leurs visages sans les rider, cet air qu'ils respirent
semble venir jusqu'à eux du pays de l'immortalité. Et
pourtant, ils le savent, eux aussi vont mourir. Ils le
disent: «Nous nous arrangerons pour que cela finisse
sans laideur, sans déchéance.» Si on veut mieux les
connaître, orgueilleusement, ils se retirent, s'éloignent,
leur complexité les rend impénétrables. Une photographie prise dans les années soixante où ils sont aux
côtés de l'écrivain Lilian Hellman qui était leur amie
nous les montre dans l'éclat de la beauté de leur

jeunesse. Il est étonnant de voir combien ils ont peu
changé. Mais la femme du poète écrivait, elle si
talentueuse, et elle n'écrit plus. Elle aime sortir seule,
sans ami, sans témoin, lorsque je la rencontre au bar de
Patrick, le *Square One*, elle ne me voit pas, sous ses
lunettes noires, elle boit un martini, échangeant
quelques mots avec Patrick de façon à n'être entendue
que de lui seul. Mais ces mots je les entends: «Il ne faut
pas être faible, dit-elle, il ne faut jamais montrer aux
autres sa faiblesse...» «C'est bien vrai, dit Patrick,
tendrement, mais je suis malheureux de savoir que
vous vous êtes blessée à la hanche en tombant. Votre
mari le sait-il?» «Surtout, il ne doit rien en savoir», dit
la femme du poète, dans son inexorable fierté.

Elle est accoudée au comptoir du bar, droite et
inaccessible; il y eut tant d'années de gloire, pour elle
et lui, tant de succès, son mari part pour la Suède où
il obtiendra encore un prix littéraire, elle l'accompagnera, ils seront encore comme autrefois le couple
doré. Mais elle ne parlera pas de l'accident à la hanche
à son mari, elle ne sera pas pour lui cette cause de
déception, elle ne sera pas aussi imparfaite. Elle a
bien l'intention de se taire.

Je la rencontre ainsi souvent, elle qui aime sortir
seule et, la laissant à son invisibilité, je ne lui parle
pas. Mais dans la bibliothèque de l'île, je lis les livres
qu'elle a écrits, ce sont de beaux recueils de poèmes
publiés dans les années soixante. Comme les œuvres
de Mary McCarthy et de Robert Lowell, ce sont des
œuvres d'écrivain engagé. Je me demande pourquoi
ces poèmes ont eu si peu d'écho de la critique américaine, dans le *New York Review of Books*. La femme du
poète célèbre fréquente seule les expositions de
peinture, j'apprends par ses livres qu'elle peint et
qu'elle a déjà exposé ses tableaux dans les galeries de
New York, de Boston. C'était dans les années soixante.

Un jour, mes pas glissent derrière elle jusqu'au quartier de Bahama Village où elle déambule seule, dans la lumière du midi, elle va droit vers une rue qu'elle semble bien connaître, elle s'adresse amicalement à un homme noir, debout sur sa véranda. «C'est ici, dit-elle, tout près de votre maison que sera érigé un musée pour la peinture noire. Nous n'aurons ici que des peintres noirs.» L'homme écoute, ils se parlent longuement. «J'ai déjà réuni plusieurs peintres du village de Bahama... trop longtemps cette ville vous a ignorés... Que de talents perdus...»

«Rentrez, dit l'homme, j'ai quelques tableaux à vous montrer.» Mais ce soir-là, le soir de l'accident à la hanche, quand la femme du poète célèbre boit son martini, accoudée au comptoir du bar, n'invitant que Patrick dans son précieux isolement, les traits de son visage semblent se contracter sous les épaisses lunettes noires, une inquiétude trouble soudain l'harmonie de ce visage. À nouveau la femme du poète se confie à Patrick: «Serait-ce vrai, demande-t-elle, que nous sommes tous si fragiles? Je ne veux pas de défaillances, jamais aucune... car j'ai encore des projets... des projets très personnels... N'avons-nous pas tous une vie secrète à préserver, parfois même du regard de ceux que nous aimons le plus?» Cette autre vie, ces projets, ce sont ces visites aux amis de Bahama Village, le musée des peintres noirs, et enfin, l'écriture qu'elle ose affronter seule. Ce retour à l'écriture est lent et difficile; après avoir consommé quelques martinis, la femme du poète sort du petit sac sportif qu'elle porte attaché à sa ceinture pour ses promenades à bicyclette un carnet et un stylo, elle détourne vivement son regard de nous, sous ses lunettes, et elle se met à écrire. «Ce seront là mes mémoires des années folles et splendides, dit-elle dans un sourire à Patrick, mais je ne les publierai jamais.» Car à quoi bon écrire, pense-t-elle, n'ai-je pas la tête trop distraite, trop frivole? Elle pense amèrement à ses œuvres de jeunesse qui ont été si peu appréciées, que personne ne lit. Son âme qui dort dans la poussière des bibliothèques, son sourire se crispe. Le soir très tard, Patrick trouvera des bouts de papiers froissés et déchirés, des pages arrachées du carnet contenant quelques signes illisibles mais un titre écrit à l'encre bleue sur une page vierge: «Histoire d'une femme».

Et peu à peu, la femme du poète ne viendra plus aussi régulièrement écrire au bar, elle voyagera longtemps en Suède avec son mari; lorsque je la reverrai, flânant avec élégance dans les rues de Bahama Village, cherchant parmi les peintres noirs une autre fraîcheur de vivre, comme d'habitude, elle ne me verra pas, elle qui aime tant sortir seule, qui a loin de son mari une autre vie...

Carnet 36

C'EST UNE SCULPTURE DE BRONZE dans un jardin, en France. C'est le portrait de Paul, notre ami Paul Sablon, dans un jardin près de Chartres, c'est une sculpture qui a une histoire. Lorsque celui qui la sculpte maintenant l'aura terminée, polie, elle réfléchira la lumière du ciel d'été; ses angles dénudés, quand tombera la nuit sur elle, recevront les pluies et les premiers assauts du froid. C'est ainsi que Paul vivra parmi nous, désormais. Celui qui exprime dans un français impeccable son amour des années soixante-dix, «quelle libération sexuelle, alors, avons-nous jamais connu une telle liberté de vivre sur cette terre, et c'est nous-mêmes, les gens de ma génération, qui en avions décidé ainsi...» me dit-il les yeux brillants, ce Paul excentrique et lumineux venu des pays scandinaves, déguste avec moi la bière du midi avant de retourner à ses travaux de construction, car il bâtit lui-même sa maison — laquelle laissera s'infiltrer toutes les pluies des jours de déluge sur l'île. Ce ravissement des années soixante-dix, leur liberté, leur imagination, il en est encore tout imprégné, pendant ces brèves conversations, sur une terrasse en fleurs, dans un parc négligé où caquettent les poules dans l'herbe brûlée par le soleil, voici Paul pendant ces moments de détente, de récréation, presque nu dans son short écourté, un anneau à l'oreille droite, un second anneau, celui-ci fin comme une bague, sur la pointe du sein gauche, ses cheveux blonds comme de la paille coupés ras, il étincelle d'ardeur, d'intelligence, et c'est un passionné de culture, il lit Jean Genet, les philosophes allemands qu'il décortique en langue allemande, «il faut tout lire, dit-il dans son exubérance fantaisiste, et même tout étudier... travailler à un doctorat en histoire de l'art même s'il est un peu tard...»

Tous ces livres, il les lira, il sera diplômé en histoire de l'art, sa curiosité est inépuisable, il lui faut sans cesse bouger, partir, son vagabondage est stylisé et savant, des musées de France aux musées de la Hollande, séjournant en été dans les forêts de la Norvège, ses parents ancêtres sont, me dit-il, des pasteurs, des philosophes religieux qui ont écrit des livres théologiques, sa nostalgie de prince s'envole encore parfois vers ces pures régions de l'Europe du Nord où il espère un jour s'établir avec sa femme Paméla. Mais c'est en France, dans ce pays paisible près de Chartres qu'il aime le plus vivre en y cultivant ses fleurs. Paméla, Paul. Séduisants à l'extrême, d'une romantique androgynie qu'ils perfectionnent de leur art fantasque de s'habiller, de vivre; ils sont d'ailleurs d'une singulière Europe dont la décadence n'est pas l'usure mais le charme de la nouveauté, de la provocation subtile. Ils aiment fêter à la vodka, au saumon fumé, les Pâques scandinaves; ils reçoivent dans leur maison de Key West aux murs effondrés avant d'être construits, d'où coulent sur leurs vêtements dispendieux des pluies torrentielles, des comtes, des marquises, sur leurs balcons d'où pendent, parmi les chats, leurs maillots de bain effilochés, ils reçoivent qui veut venir apporter de lointaines

nouvelles: ce sera le prostitué de Milan ou le million-
naire ruiné qui se promène pieds nus dans leur salon,
tout ce qui n'est pas le culte de l'imagination les ennuie. Ils suivent ensemble leur route de feu et d'étin-
celles filantes, ils sont deux, l'un et l'autre homme et
femme, fille et garçon, ce sont peut-être deux séra-
phins égarés sur la Terre, semant sur leurs scintillants
parcours les rayons de leurs têtes blondes jumelées.

Dans son jardin broussailleux de Key West, Art
Kara soude les membres de bronze les uns aux autres,
la première esquisse de la sculpture en dessine déjà la
forme finale, pense Art, n'y reconnaît-on pas ce
mouvement du corps de Paul, la souplesse de sa
démarche, le long du grillage de Griffin Lane; si la
tête est penchée sur le côté, c'est parce que Paul
pouvait se raidir soudain en cette attitude réfléchie,
se refermer soudain en ce profil sévère, celui de l'un
des ancêtres qui avaient étudié les profondeurs de
l'âme. Car Paul c'était tout cela à la fois, le désordre et
la rigueur. Et Art nettoie l'esquisse, il la replace sur
son socle. «Vous vous souvenez, nous demande-t-il, à
David et à moi, de cette façon qu'il avait de plier les
genoux en marchant...» «Un reste de l'enfant toujours en lui, dit David. Mon Dieu que j'aimais sa folie,
nous n'allons plus jamais connaître quelqu'un comme
lui.» «La sculpture réelle, celle que j'irai sculpter pour
Paméla, devant sa maison en France, aura la même
taille que Paul, dit Art... il était fait comme l'une de
ces longues sculptures de Giacometti... sa tête était
souvent inclinée dans une position sérieuse. C'est la
position de sa tête qui m'a donné le plus de travail.
On eût dit que depuis des années il savait ce qui
l'attendait... tout en nous charmant et nous amusant.
Il nous envoûtait d'une euphorie, d'une ivresse de
tous les plaisirs, et pourtant quel garçon sérieux et
profond.» C'est une sculpture de bronze dans un

jardin en France. C'est la maison abandonnée de Key West que je quitte en mars 1992, Paul y est venu seul en mon absence planter des fleurs nouvelles pour le printemps, il a couvert son lit, lui qui est joyeux, de tapisseries funéraires mexicaines, puis il est parti vers New York recueillir son diplôme de l'université. Lorsque je le reverrai dans ce jardin en France, la lumière sera intense sur son visage, nul pli ne l'aura creusé, d'humiliantes douleurs ne l'auront pas avili dans cet hôpital près de Chartres, lorsque viendra l'hiver et ses froids, la résistante matière du bronze les repoussera, un peu de neige se posera sur le cou brisé de Paul, sur sa tête inclinée qui ne se relèvera plus.

Carnet 37

ERRIÈRE LES RIDEAUX, les volets de leurs maisons de Wellfleet, Truro, on entend les murmures étouffés de la médisance, de la calomnie, chacune, chacun cancane, commère, car Robert, ce Noir que la digne communauté des intellectuels, des artistes avait fini par accepter, «tolérer, dit Gilberte à ses voisines, car avons-nous besoin dans notre société d'un délinquant noir qui ne travaille pas et qui se laisse vivre par une femme blanche, quand cette pauvre femme est à l'agonie», celui qu'on appelle maintenant «un Noir comme un autre» qui a renié ses débuts d'écrivain prometteur, couronné par la critique new-yorkaise, a une liaison avec une jeune fille blanche, Christine, la fille du professeur de philosophie Charles. Et quelle honte, dit Gilberte, Charles et Adélaïde ne condamnent pas Robert, au contraire, ils l'accueillent dans leur maison, discutent comme autrefois avec lui de Wilhelm Reich, d'une révision du rôle de la sexualité dans la psychanalyse moderne. On dit que ces conversations durent tard dans la nuit, que de la plage on voit à la fenêtre, dans les reflets de la lune, cette gesticulante silhouette de Robert qui s'anime, s'exalte en de feints arguments, car, dit Gilberte, «que peut savoir cet inculte de Harlem de

Wilhelm Reich?» Car Gilberte dit d'elle-même à qui veut l'entendre aussi, au téléphone, dans la rue, lorsqu'elle revient à pied du bureau de poste vers les bois où elle vit isolée avec son fils, tout cela à cause de son mari qui l'a abandonnée pour une femme plus jeune, dit-elle, Gilberte affirme qu'elle n'est pas raciste, elle avoue avoir souvent éprouvé du désir pour Robert, elle n'est pas raciste mais humiliée, comme l'est Jane par Robert, comme le sont, dit-elle toutes les femmes par les hommes qui les trompent effrontément, de là le besoin de diffamer, de détruire Robert, de le répudier de nos maisons, de nos villes. Ce souffle de la hargne que répand Gilberte autour de nous entre ses dents longues, ce désespoir de la femme bafouée aussi ne semblent pas atteindre Robert qui, au soleil couchant, enlace Christine sur les dunes, ils roulent tous les deux dans les plis chauds du sable d'où poussent des herbes, des fleurs rugueuses qui percent la peau; ils sont libres, jouent de leurs membres flexibles, chantent, dansent, sur ce sable que cuit le soleil d'août, ils courent d'un même bond uni entre le soleil et la mer, loin des cancans cruels, des murmures de la haine. «Je les ai vus, dit Gilberte, pendant les feux de joie des nuits de juil-let... ils s'étreignaient près des flammes sans pudeur, presque sous les yeux de Jane qui se voilait le visage de son écharpe.»

Or, plutôt que de se voiler le visage, Jane voit tout et aucun blâme de Robert ne peut se lire dans ses yeux brûlants. Aux rares visiteurs qu'elle reçoit encore à son chevet elle dit, toute chancelante dans sa maison blanche dont les volets seront bientôt refermés sur sa chambre muette: «J'ai encouragé Robert à s'éloigner de moi, il m'a longtemps accompagnée pour mes traitements à l'hôpital. Tout le reste ne sera que scandale... je ne veux pas qu'il me voie souffrir, je l'aime trop pour cela. Je souhaite seulement qu'il n'aie pas d'enfant avec Christine car ce serait un grand malheur qu'un innocent soit meurtri par nos préjugés, notre racisme. Robert ni Christine ne pourraient y survivre.»

C'est pendant cette liaison qui sera courte — car Christine qui a dix-huit ans aimera vite d'autres garçons à son retour en septembre à Harvard, mais neuf mois plus tard elle reviendra pourtant vers Robert avec un enfant métis qui aura la sauvage beauté de Robert —, c'est pendant cet été de sensuel bonheur que Robert écrit, écrit, délaissant son autobiographie pour des essais dans lesquels la vie future professée par un psychiatre autrichien qui s'adresse surtout à une bourgeoisie blanche dont il espère affiner l'esprit avec les progrès de la civilisation industrielle, cette vie future, Robert la décrit dans une sarcastique prophétie pour l'homme oublié, la femme dont on ne parle pas non plus dans cette civilisation, l'homme et la femme de race noire.

Mais il ne les épargne pas eux non plus de sa pensée cinglante ni de la clarté de ses jugements, même si cette fois le professeur Charles n'approuve pas l'aspect cynique de ses découvertes. Robert prédit que l'incantation violente et juste des Black Panthers finira par ne plus être entendue, on installera à la place des rebelles des hommes, des femmes confortables. Robert imagine — il pourrait même écrire déjà quelques-unes de ces séries télévisées — des Noirs qui paradent à la télévision comme les Blancs dont ils seront les modèles dans des émissions apaisantes, lénifiantes, dans lesquelles comme dans un éther empoisonné les vrais problèmes des Noirs disparaîtront, seront niés au profit d'une suavité avilissante dont le matérialisme des Blancs est la source. Soudain les Africains américains n'auront plus d'histoire, de passé. Le spectre de l'esclavage sera effacé. On verra un bon père noir qui rentre chez lui, le soir, pour confronter ses enfants fugueurs, menteurs, comme le sont les enfants des Blancs, paré des mêmes vertueuses paroles, le papa noir comme le papa blanc dira à ses fils: «N'absorbez pas de drogues», et à ses filles: «Ne rentrez pas tard le soir, soyez vierges jusqu'au jour de votre mariage.» La pourriture blanche viendra ainsi flétrir peu à peu la pureté du sang des Noirs, écrit Robert. Et Charles, lisant ces pages dans sa chaise longue, sur la plage, dira à Robert avec des gestes de protestation vers Christine et Robert, assis à ses pieds: «Mais Robert, pourquoi avez-vous écrit ce livre insensé? Nous n'oublierons jamais ce que les peuples africains ont souffert à cause de nous. Et eux n'oublieront jamais ce que nous leur avons fait. Il n'y aura jamais un homme noir confortable. Vous en êtes l'exemple, vous, Robert, qui êtes toujours si insatisfait et malheureux.»

En entourant de son bras la taille de Christine, Robert dira en fixant l'horizon: «C'est pourtant vrai, professeur, cela arrivera dans votre rêverie de confort, mes frères oublieront tout, ils seront anesthésiés et ils mourront des mêmes maux que vous.»

Carnet 38

C'EST UN JEUNE HOMME QUI VIT, solitaire, sur une colline boisée de pins, il vit à quelques pas de la maison jaune que me prête Barbara pour écrire en ce printemps fleuri à Pamet Point Road, quand dans les sentiers qui mènent à la forêt creuse de Paradise Valley les roses sauvages parfument l'air, les hirondelles volent, effarées, vers leurs nids que guettent les coucous prédateurs. Le jeune homme sort peu de sa maison en lattes grises. Gilberte dit qu'il revient d'Hollywood et qu'il aime vivre ainsi, très seul, «qui sait, il est peut-être malheureux», dit-elle avec l'espoir de visiter un jour cette laconique et mystérieuse solitude, mais le jeune homme est farouche et hostile à toute approche. Quand j'écris et dessine dehors, la queue de ma fidèle Gilou tourbillonnant autour de moi, ses pattes grattant la terre, le museau enfoui dans les odeurs neuves encore mouillées du gel des herbes, car le labrador Gilou n'a que deux ans et c'est sa première saison de liberté depuis que nous l'avons recueillie de la Société protectrice des animaux de Provincetown, quand le printemps est si éclatant que nous sommes tous dehors, dans les jardins, sur les plages, le long des routes sur les bicyclettes, le jeune homme ne sort pas car il apprend ses rôles. En été, je l'entrevois par l'éclaircie du soleil dans la haie de pins, sur sa butte: lui si maigre dans son jean de toile blanche, il transporte un canot sur ses épaules, c'est un canot de pêcheur qu'il rattache à sa jeep avec des cordes. Soudain il tourne la tête et me voit, son timide sourire ne s'arrête pas à moi, se perd plus loin, mais les fossettes de ses joues m'apparaissent dans son visage, ses cheveux bruns sont très courts rasés avec précision au-dessus des oreilles, une mèche de cheveux drus dépasse sur le front, il la rejette vigoureusement de la main. «Un vrai petit garçon ou une biche qui fuit le chasseur, dit Gilberte, un garçon adorable s'il n'était pas si entêté à vivre seul.» La brève apparition n'est déjà plus là, dans les taches vertes des pins au soleil. Dans la maison aux lattes grises, le jeune homme étudie ses rôles à voix haute.

Dans la ville de Wellfleet, son nom est souvent murmuré, chuchoté, n'est-ce pas ce garçon qui était l'acteur principal de la pièce pacifiste *Beach* («La plage») en temps de guerre froide entre les nations? On l'a vu aussi dans le démoniaque rôle de Bates, le maladroit tueur de *Psycho*, on se souvient de son rictus torturé, dans ce classique d'Hitchcock, mais le jeune homme qui vit solitaire dans les bois semble avoir été accablé par ces rôles d'assassins dans des films d'horreur; comme son père Osgood Perkins qui était un metteur en scène au théâtre avant de l'être au cinéma, il est avant tout un comédien qui connaît les subtilités de son métier, un artiste studieux et engagé. Très jeune, en 1956, il a déjà obtenu une nomination à un oscar pour sa participation au film *Friendly Persuasion*. Depuis l'énorme rumeur publicitaire de *Psycho*, le jeune homme vit caché, recevant parfois chez lui, mais si peu souvent, des amis acteurs, metteurs en scène qui viennent de New York et de Los Angeles.

C'est ainsi que frappe à la porte de la maison jaune, une dame étonnante qui s'appelle Michaele, et qui me rappelle Francese par sa stature et ses larges mains de sculpteur, c'est une proche amie du jeune homme qui vit dans sa retraite, elle me demande abruptement si j'écris pour le théâtre et nous lisons ensemble ma pièce *L'exécution* écrite pour Mme Yvette Brind'Amour qui en fera cette année la mise en scène au théâtre du Rideau Vert; Michaele aimerait voir la pièce traduite en anglais, elle en commencera une traduction d'un air vigilant dès ce premier jour de notre rencontre qui ne sera suivie d'aucune autre, car elle vit à Los Angeles; la pièce sera traduite par le merveilleux David Lobdell qui traduira tant d'œuvres québécoises avec le même souci de vérité et d'élévation poétique, traducteur qui était aussi un poète et un romancier et dont nous regrettons tant l'absence aujourd'hui parmi nous.

Michaele qui a, comme Francese, un œil de peintre, c'est un œil bleu gris à la visée prompte, a remarqué la singulière couleur des murs, des planchers de la maison que j'habite, elle dit: «Ce sont les couleurs du peintre Emil Nolde n'est-ce pas?» Ce qui est vrai, Barbara m'ayant permis, avec son habituelle tolérance, de repeindre le cottage selon mes inclinations pour les couleurs chaudes, ensoleillées, la maison jaune est devenue un paysage de Nolde, celui que m'inspire un carnet de voyage du peintre oublié dans une collection de livres étrangers dans ce carnet publié à Munich sous le titre *Sudsee-Skizzen*, le peintre a un retour à ces couleurs d'azur foncé, pour peindre le ciel, le soleil couchant sur une mer des Tropiques est d'un orange jaune trempé de rouge, la maison jaune si stable sur ses collines de pins, comme la maison du jeune homme secret, tangue dans le déploiement de ses couleurs vers les mers lointaines.

Les murs sont d'un bleu opaque, les planchers jaunes et orange comme le soleil de Nolde; d'un regard approbateur, Michaele dit que ces murs la réjouissent, et lorsqu'elle me quitte avec une forte poignée de main, c'est pour prononcer le nom du jeune homme, «Anthony, Tony qui est si sensible...»

Je ne reverrai pas le jeune homme solitaire par l'éclaircie des pins sous le soleil, les jours d'été à Pamet Point Road, mais le 19 septembre 1992, je le retrouverai dans sa véritable grandeur en lisant ses dernières paroles peu de jours avant sa mort à soixante ans dans sa maison d'Hollywood, lorsqu'il dit à un journaliste, entouré de sa femme, de ses fils: «Beaucoup croient que la maladie du sida a été envoyée sur la Terre comme une malédiction, une vengeance de Dieu. Je ne crois pas à cela mais je pense que si nous souffrons de cette maladie sur la Terre, c'est afin que naissent parmi nous l'amour et la compréhension, la tendresse et la compassion. J'ai appris davantage parmi les sidéens sur l'amour, la charité, en quelques mois, plus que pendant toutes ces années dans le milieu compétitif et acharné du théâtre et du cinéma, où chacun coupe la gorge à l'autre, où un vieil acteur n'a plus droit à sa place. C'est dans ce milieu pourtant que j'ai passé ma vie. Sans cette maladie, je n'aurais pas compris que l'amour existait...»

Ces mots, ne les disait-il pas déjà autrefois dans le silence de sa maison sur la colline, «nous ne savons pas aimer, voilà pourquoi je ne sors pas», semblait-il dire à ceux qui ne voyaient en lui qu'un éblouissant acteur étourdi par sa gloire, quand déjà, il fuyait ce qui lui avait toujours fait peur, les ténèbres de ce monde.

Carnet 39

L e 30 avril 1970, le président Nixon annonce sa décision de prolonger la guerre avec l'invasion du Cambodge par les troupes américaines. Sur tous les campus, les étudiants que le président désigne de «voyous», sans respect pour l'idéalisme de leur jeunesse, les étudiants de toute l'Amérique se révoltent: le 4 mai est un jour frais de printemps sur les collines, les montagnes qui ceinturent l'Université de Kent; c'est là qu'aura lieu une vaste manifestation d'étudiants pour la paix. Ce jour-là mourront des innocents, parmi leurs camarades éplorés, dans la foule, ils seront tués par les soldats de la garde nationale de l'Ohio, ils s'écrouleront sous les balles de fusil et de revolver à quelques pas de leurs meurtriers, entre une salle de cours, la salle Taylor, et la Pagoda qui fut peut-être un temple de recueillement; on sait avec certitude par les documents filmés, les témoignages des photographes que William Schroeder, Sandra Scheuer, Jeffrey Miller, Alison Krause ont été froidement exécutés par l'armée en ce 4 mai 1970, en ce jour de printemps sur les collines du campus universitaire.

Dans les foyers américains, on entend le retentissement de ces cris: «Ils ont tué nos enfants, ils ont tué nos enfants! Eux qui n'avaient rien fait, ils ont tué nos enfants!» Chacun de ces parents qui voit l'horrible tuerie sur son écran de télévision, le soir du 4 mai, imagine son enfant mort sous les traits défigurés de William, Sandra, Jeffrey, Alison gisant dans les herbes ou répandant encore son sang sur l'asphalte de la rue où se pressent, en brandissant leurs drapeaux noirs, les manifestants et spectateurs de ces crimes. Gilberte dit à Anthony: «Ce garçon sur qui ils ont tiré deux fois pourrait être Christophe», Éléna pense à sa fille Helen qui est maintenant à l'université, chacun craint pour son enfant, sa vie, ces mêmes parents pleurent lorsqu'ils revoient avec une atroce exactitude les événements de cette journée de deuil: sans armes, les cheveux au vent, les étudiants avancent vers la redoutable armée en chantant «L'amour plutôt que la guerre, des fleurs plutôt que des bombes.» Aussitôt les soldats de la garde nationale les poursuivent d'une lancée de nuages chimiques (le *tear gas* qui, dit-on dans l'armée, est inoffensif, ne produit que des larmes) lesquels forment un brouillard, un barrage de fumée noire autour des manifestants blessés et aveuglés, pris de tous côtés soudain par une hypocrite armée de soldats haineux que dirige un général dans ses habits civils.

Les étudiants qui se sont calmement rassemblés à midi, ces hippies de bonne famille, à la barbe longue, vêtus de leurs chemises à carreaux, eux qui rêvent d'amour et de vie champêtre, ces enfants du déracinement qui sont les frères de mon ami Jack se dispersent maintenant dans la terreur, criant et s'appelant entre eux d'une voix désolée, «Jeffrey où es-tu?» «Alison!» ces scènes sur un champ de bataille de verdure printanière, entre une salle de cours et un lieu de recueillement, parmi les fleurs à peine écloses, ces scènes d'affliction, les parents américains les verront le soir du 4 mai, ce sera près de la chaleur d'un bon feu, ou autour d'un repas de famille quotidien, chacun reconnaîtra sa fille ou son fils conduit à sa mort à la pointe du fusil, dans le dos, ou tombant, tête renversée, sous les balles. Eux seront vraiment leurs enfants, ils les attendront à la maison, le soir, ou bientôt pour les vacances, avec eux, ils auront fait des projets pour l'été, ce seront les enfants de la blanche et prospère Amérique, les enfants qui laissent de graves blessures lorsqu'ils disparaissent. Ces mêmes parents ont éprouvé des sentiments de vive compassion lorsqu'ils ont vu — sur ce même écran de télévision familial — les étudiants noirs tués dans une manifestation, à Alabama, ils ont eu peur, ils ont été affolés par l'état du monde, mais jamais ils n'avaient pensé que leurs enfants à eux pourraient mourir dans cette même guerre, cette guerre désormais totale, sans distinction de races ou de milieu social, cette guerre qu'indirectement ils ont provoquée.

Car, secrètement, n'approuvaient-ils pas que la violence policière vienne un jour assagir cette génération de jeunes gens insatisfaits critiquant toujours leurs aînés? Ne leur fallait-il pas admettre que cette idéologie de paix ne leur plaisait pas?

Et passent devant eux ces visages, sur des photographies de finissants à l'université, ces visages épanouis aux belles dents de William Schroeder, de Sandra Scheuer, de Jeffrey Miller dont l'agonie fut lente et douloureuse, pendant que ses camarades, penchés sur lui, tentaient de le ranimer, le sang coulant à flot de son crâne, de ses tempes arrachées; Alison Krause, belle et exaltée; Joseph Lewis que l'on tue deux fois, ces enfants des Américains ordinaires sont vigoureux, exubérants de santé, chacun est aussi un étudiant modèle peut-être, promis à un brillant avenir; cet avenir qu'il concevait avec émotion et ferveur en écoutant les paroles des frères Kennedy, de Martin Luther King, de Malcom X.

Dans son livre *The Truth About Kent State*, publié en 1971, l'écrivain Peter Davies évoque ces meurtres commis à l'Université de Kent, il fait appel à la justice américaine pour une nouvelle investigation de cette tragédie qui projette tant de honte sur la conscience collective d'une nation: sous l'administration de Nixon, la demande d'investigation est rejetée par le procureur général. Différentes associations religieuses — dont l'Église méthodiste unie — appuient la demande de l'auteur et s'acharnent avec lui à rechercher les coupables de ces meurtres; ces meurtriers seront en apparence de bons citoyens qui ont fait leur devoir, disent-ils, sergents ou officiers, ils auraient agi avec une si meurtrière violence pour se défendre, parce que ces étudiants, «ces voyous», leur lançaient des pierres ou des briques, certains peuvent prouver avec quelle sauvagerie ils ont été attaqués et provoqués par les étudiants. Ils ont fait leur devoir: ils n'auraient pas pu agir autrement.

Le 4 mai 1970, des étudiants semblables à Jack, d'autres qui pourraient être les fils ou les filles de mes amis, de beaux enfants, les cheveux au vent, tout en respirant l'air printanier, leurs livres sous le bras, vont droit vers leurs assassins masqués de fer, armés de fusils, de bombes, et ils chantent «Des fleurs plutôt que la mort...»

Carnet 40

C'EST LA SAISON DE LA CHASSE sur la péninsule de Cape Cod. Dans les forêts, les bois roux, lesquels seront bientôt d'un brun sombre avant la tombée de la neige, c'est l'affolement des lièvres, des perdrix courant vers la protection de leurs trous dans la terre. Dans sa voiture qui longe les étangs, l'étendue uniforme des champs encore roses à cinq heures du soir, les champs de canneberges aux teintes vives, Éléna frissonne de froid, sous la laine de son chandail bleu, songeant qu'elle s'est sans doute baignée pour la dernière fois en cette saison dans l'océan glacé; elle dont la forme physique fut toujours inébranlable, altière, n'aime pas ressentir cette faiblesse du froid qui survient tout à coup, moins encore entendre cette toux grêle qui monte de sa poitrine.

Elle téléphonera à Nina en arrivant à la maison, elle se sentira plus réconfortée si elle l'invite à venir bavarder avec elle, près du feu de la cheminée, dans le grand salon vide. Mais il n'y a plus de Nina ni de Paul, leurs dos se sont voûtés, comme le sien, pense-t-elle, son dos jadis si droit, vers ces plis crevassés de la terre en automne. Mais chaque soir, à cette heure, elle pense «je téléphonerai à Nina... à Paul, ils viendront pour le thé...» et brusquement elle se souvient que, comme son mari, ils ne sont plus avec elle, ou si proches encore qu'elle peut sentir leur faible présence, dans leur maison en bardeaux de cèdre; lorsque sonnent cinq heures, six heures, à la haute horloge ancienne, dans le grand salon, elle prendra conscience qu'il n'y a plus personne à ses côtés, que même Old Boy, le chien qui dormait hier en ronflant dans le spacieux fauteuil de cuir, n'est plus là. Elle poursuivra la lecture de ces livres qui sont encore, comme hier, sur la table de marbre, près de la cheminée, elle lira quelques passages de ces livres de Teilhard de Chardin, Simone Weil, dont elle préparait avec des notes, il y a peu de temps, les lectures pour Edmund, mais ce sera distraitement et sans vaillance, en enlevant et remettant ses lunettes, le regard figé vers les flammes du foyer.

Éléna entend ses pas en entrant dans sa maison déserte, ses pas qui lui semblent lourds, qui traînent un peu; d'une allumette à longue tige elle ranime le feu sous les brindilles de pins, sera-t-elle enfin soulagée de la toux de cette bronchite lorsque sa fille viendra à Pâques? Pourra-t-elle l'attendre tout ce temps, cette solitude dans la maison hier toujours pleine est une expérience si dépaysante et nouvelle. Oui mais, pense-t-elle, si elle avait une foi plus ferme en Dieu ne serait-elle pas plus courageuse en affrontant la maladie, la vieillesse, ce que ses amis Paul et Nina ont su accomplir en silence et dans une opiniâtre dignité? Où sont les poètes Auden, Waldo Frank qui venaient si souvent discuter avec elle le soir, où est Dickinson, le peintre nuancé des marais de Truro? Son cœur se serre de nostalgie; peut-être ses amis ne sortent-ils plus, se protégeant du froid et des vents du large dans leurs cottages, sur les dunes.

Elle va vers la cuisine encore ensoleillée à cette heure-là; devant une photographie, au-dessus du comptoir où l'on voit la souriante famille Kennedy réunie sur une plage de Hyannis Port, elle verse, mais pour elle seule, cette fois, l'habituel whisky de six heures, sur des glaçons qui font un bruit sec en remuant dans un verre; il lui semble que ses doigts sont encore ankylosés par le froid pendant qu'elle frotte ses mains l'une contre l'autre. Dans leurs armures de caoutchouc rouge, leurs imperméables rembourrés, les chasseurs ratissent les bois, les champs, les forêts, leurs carabines tendues devant eux. Éléna les voit de la fenêtre qui éclaboussent de leurs bottes, dans le verger où Helen a fait ses premiers pas, toute petite, apportant une pomme à ses parents d'un air volontaire, exprimant déjà la détermination de son caractère, les nids fragiles, les mottes de terre et d'herbes des abris d'oiseaux et de lièvres. C'est ainsi qu'elle les surprenait de sa voiture cet après-midi, ces chasseurs qui viennent tuer les canards des étangs, qui couvrent de leurs cris harceleurs le sommeil des terres sablonneuses en hiver.

À ce chœur hostile des chasseurs qui troublent sa quiétude, Éléna sent que s'entremêlent dans son souvenir les cris, les hurlements des chasseurs pourchassant des cerfs avec leurs chiens, dans les forêts d'Europe. Les troupeaux de cerfs s'enfuient, dans les bois, les forêts, ils sont cernés par les chiens: parfois un cerf majestueux s'arrête dans une clairière, il est blessé, il ne suit plus les autres; les oreilles dressées, il écoute, la douceur d'un ciel d'automne coule dans son regard. Soudain il reprend sa course épuisé à travers les feuilles, mais les chasseurs, sadiques, plutôt que de le laisser fuir, le poursuivent au-delà de son territoire. Ils l'égarent, lui font peur et le cerf mourant est abattu sur des rails de chemin de fer.

Dans la solitude de sa maison vide et froide, séparée des siens, Éléna pense que ces forêts de

l'Europe l'ont suivie dans son exil, dans ses départs,
de pays en pays, que ces cris des chasseurs triom-
phants ne se tairont jamais. Les hommes sont capables des pires vilenies pense-t-elle, qui les relèvera de
tant de bassesses?

Puis avec la chaleur qui réchauffe ses membres
peu à peu, elle oublie les funèbres voix. Elle revoit sa
petite fille Helen qui marche vers elle sous le pommier, elle se réjouit d'avoir une fille si volontaire, une
enfant qui fût décidée dès ses premiers pas, dans
l'herbe de l'été et qui vînt vers elle, imperturbable,
déposer une pomme sur ses genoux. Une enfant qui,
comme elle, aura les qualités pour survivre à tous les
malheurs sur cette terre. Elle se dit qu'elle est soudain
bien solitaire dans la maison aux tentures bleues mais
que son destin est ainsi fait, Éléna aura jusqu'à la fin
la simplicité d'être heureuse, et demain, s'il fait un
peu moins froid qu'aujourd'hui, elle luttera encore
contre les vagues rudes de l'océan, en hiver.

Carnet 41

L A CRITIQUE NEW-YORKAISE dit de lui qu'il est le petit-fils de Henry James, de Marcel Proust; lorsque paraît son ouvrage *Sextet*, dans lequel sont étudiées les œuvres de T. S. Eliot, Alice B. Tocklas, Elizabeth Bowen, Henri Cartier Bresson, Edith Sitwell, il est poète, critique, biographe, historien, il est aussi l'homme des éternelles amitiés, c'est John Malcolm Brinnin dont les analyses littéraires vont bien au-delà de la documentation recherchée de l'œuvre pour pénétrer le cœur de l'écrivain, le caractère de l'artiste, saisissant sur le vif bien souvent le mystère de son innocence perdue.

C'est ainsi que le soir, sur les plages, près de ces rochers où viennent s'écraser de violentes vagues, il nous parle en ami, en frère, de Dylan Thomas, de sa destinée de martyr, de Truman Capote, cet être particulièrement aimé et chéri pour qui il écrit, deux ans après la mort de Truman, ce tendre portrait, *Truman Capote, Dear Heart, Old Buddy*, titre intraduisible en français, puisque le «cher cœur», ou «le vieux camarade» expriment des liens fraternels presque métaphysiques entre les deux écrivains. De huit ans l'aîné de Truman Capote, John Malcolm est aussi son gardien, le protecteur avisé qui peut critiquer la conduite échevelée de son ami et parfois tenter de l'écarter de l'erreur lorsqu'un succès flamboyant l'aveugle.

Debout contre le store d'une fenêtre, les yeux à demi clos sur un sourire flottant, Truman Capote est encore un gamin, un brillant adolescent lorsque Rollie McKenna le photographie dans les années quarante; John Malcolm le rencontre à Yaddo, c'est cet être ingénu aux joues rondes qui le séduit, de même que son extraordinaire précocité; Truman Capote est déjà ce prodige inattendu, cet enfant sur-doué des lettres américaines, et John Malcolm, craignant que cette tête juvénile ne s'enflamme trop vite, veille sur lui avec la sévérité d'un ange.

C'est ce parcours des réminiscences de John Malcolm à travers les années, qu'il nous les confie en paroles ou par ses écrits, qui nous transporte vers cette vie d'un écrivain, les paysages mouvants de son existence, comme si nous avions toujours vécu à ses côtés, le suivant dans ses doutes intérieurs, lors de la parution de ses premiers livres, ces livres qui recevront l'indifférence de la critique, au tout début; jusqu'à l'étrangeté du succès de *De sang froid* (*In Cold Blood*) où l'auteur affaibli par un succès soudain monstrueux cédera à ses penchants à la mondanité, sera peu à peu détruit, comme le sera plus tard mon ami Robert, par une société hautaine qui avait d'abord méprisé son génie.

John Malcolm est sensible à ces transformations physiques, morales, chez son ami toujours en fuite, dans la recherche d'un lieu paisible pour écrire, pen-ser, réfléchir, avant que les frivolités de la haute société ne le reprennent, qu'il soit consumé par les drogues ou l'alcool, que la pureté du garçon blond, celui tout aussi enfantin et enjoué, aux côtés de John Malcolm à Venise, ne soit complètement ternie.

L'hypocondriaque jeune Truman dit à ses amis qu'il est atteint de leucémie, mais ses voyages l'amènent en Afrique du Nord: soudain, il est photographié dans un château en Suisse, tenant un chien dans ses bras. Que deviendra-t-il? se demande John Malcolm, quand cessera-t-il de succomber à toutes ces vaines attirances qui l'éloignent de l'écriture?

Mais ce même Truman débridé écrit aussi à son ami John Malcolm de ne pas se laisser décourager par les fluctuations de son comportement, il est avant tout écrivain, ses détracteurs ne le comprennent pas, l'originalité, la profondeur de son talent sont méconnues, mais «celui qui fait danser les abeilles», comme dit John Malcolm lorsqu'il récite sa poésie au Poetry Center à New York, celui dont les mots chantent parmi les fleurs, comme les phrases de Jean Genet, ce Truman illuminé commence un roman, lequel est inspiré par un macabre fait divers dans un journal du Kansas, dit-il; ce roman surpassera le ton fictif des œuvres romanesques, ce sera un roman de Dostoïevski des temps modernes, une œuvre d'un réalisme brutal, sans pitié pour les bourreaux et les victimes, ce sera le roman *In Cold Blood* qui apportera à son auteur la fortune et aussi le malaise, l'insatisfaction.

C'est cet ami insatisfait, malheureux, et toujours ce même enfant dissipé que John Malcolm revoit à Key West; l'enfant est un homme riche qui déplaît désormais à John Malcolm. Il boit excessivement, John Malcolm parle avec douceur à Truman, il lui rappelle encore que l'écriture est ce qui compte le plus pour lui: c'est un jour d'octobre quand il pleut beaucoup à Key West; dans les années soixante-dix, l'île est pauvre, désolée, privée de tout confort. John Malcolm dit à Truman qu'il vivra ici, dans cet isolement géographique, qu'il a choisi cette solitude.

Truman sort un carnet de chèques de sa poche, il dit qu'il peut acheter une maison, il offre un chèque de 10 000 $ à un vendeur; John Malcolm observe son ami corrompu par l'argent mais ne le juge pas: que de chagrins, que de déceptions et de peines, pense-t-il, ont transformé en si peu de temps son ami, pourtant sous le rire sarcastique, parfois méchant, il croit entendre la voix du jeune Truman qui lui écrivait, «Baby Angel, aide-moi.» Le Radiguet des lettres américaines a conservé sa pureté d'enfant et l'impudence de son sourire, mais si vite, comme le Radiguet du *Diable au corps*, soudain on n'eût plus de traces de sa foudroyante vie.

Carnet 42

C'EST EN CET ÉTÉ D'ARDENTE LUMIÈRE sur les plages de Truro quand le soleil d'août réchauffe les vagues de l'océan jusqu'à la tiédeur des eaux, c'est en cet été de conflits racistes dans les rues de New York, de Harlem, que vient au monde le fils de Robert et Christine. Gilberte, qui semble regretter la dureté de ses attitudes envers Robert, dit «que seul cet enfant peut sauver Robert, le réhabiliter aux yeux d'autrui, faire de lui un homme responsable...» Robert entend ces bruits sourds de la médisance autour de lui, ces voix continues qui le persécutent, il est à espérer, disent ces voix, que l'enfant du couple illicite ressemble surtout à sa mère, que ses cheveux soient blonds comme les cheveux de Christine, qu'il ait les yeux bleus, la peau blanche, mais lorsque naît Jonathan, les parents de Christine viennent vite le soustraire à la vue de ses ennemis; on ne voit pas le petit pendant les premiers mois de son existence, les parents de Christine, Robert, Christine et l'enfant se cachent dans l'un de ces chalets d'Anthony situé haut dans la montagne. Anthony connaît seul le secret de ces lieux sauvages où il se retire parfois pour vivre seul, loin de l'enfer conjugal; il lui arrivait d'amener ici autrefois son fils Christophe, de pêcher avec lui sur le lac silencieux, mais l'enfant souverain d'Anthony a si vite grandi, le chalet dans la montagne est inhabité; Anthony dérive, solitaire, sur son radeau, c'est pendant qu'il dérive ainsi sur l'eau frissonnante du lac, le soir, qu'il imagine combien l'enfant noir serait ici, dans ce refuge, à l'abri de la méchanceté du village. C'est là-haut que le mystérieux enfant est transporté dans ses langes, que sa mère l'allaite; c'est un bébé joyeux et robuste dont Robert est très fier, il couvre la mère et l'enfant de son regard adorateur; lorsque Jonathan aura six mois, ils iront tous vivre à Paris où Robert verra la publication de ses livres en français, cette vision d'un avenir meilleur, Robert la confirme dans ses conversations avec le père de Christine, Charles, le vieux professeur de philosophie. Ils partiront, dit-il, ils seront libres, ils auront amèrement acquis leur droit à la liberté et au bonheur; mais pendant qu'il parle avec cette facile éloquence, Robert ne semble pas voir cette lueur égarée dans les yeux de Christine qui berce son enfant; dans sa joie d'être père, il oublie cette soudaine distance qui le sépare de Christine; le père, la mère de Christine ne semblent pas remarquer non plus la détresse de Christine que la séquestration dans la montagne a mentalement ravagée. Que faire toute la journée, un être si fragile, que faire avec Jonathan, pense Christine, pourquoi sommes-nous ici si loin des autres? Quand vais-je reprendre mes cours à l'université? La vie sera-t-elle un jour normale à nouveau? Jonathan est magnifique mais je suis blanche et Jonathan est noir. Paris, nous n'irons jamais à Paris comme dit Robert, il est si peu réaliste, encore des rêves, des paroles fausses: d'un mouvement las, Christine berce son enfant, elle l'élève sur son sein, elle n'a pas encore vingt ans, quel sera donc leur avenir, pense-t-elle dans l'immense silence de la forêt.

Demain, à l'aube, les parents de Christine, Robert, ils iront tous à la pêche, elle sera enfin seule, pense Christine, elle devra prendre une décision. Ce jour-là, l'aube est déjà suffocante lorsqu'ils partent pour la pêche. Christine supplie Robert de la laisser seule avec l'enfant lorsqu'il s'approche d'eux pour les embrasser; il est si troublé par l'attitude froide de Christine que plutôt que de s'éloigner d'elle comme elle le demande, il l'embrasse plusieurs fois, serre Christine et Jonathan dans ses bras; ils ne partent que pour quelques heures, dit-il, ils seront de retour à midi. Lorsqu'il quitte la mère et l'enfant pour descendre vers le lac, Robert est traversé de sombres pressentiments; hésitant à ouvrir la porte il se tourne vers eux pour les contempler avec tristesse. Il dit: «Essaie de dormir, Christine, nous pensons tous que tu as besoin de repos... Il faut que tu sois complètement rétablie avant de partir pour Paris...»

La barque d'Anthony glisse sur l'eau, il fait déjà si chaud, le front de Robert est brûlant. «Ils vont dormir, dit Robert à Charles. Jonathan et Christine ont besoin de sommeil...»

Dans le chalet d'Anthony sur la montagne, Christine a endormi son enfant. Ils dorment. Christine et Jonathan ne se réveilleront plus. Ce sera un accident dont on parlera dans les journaux, «une jeune femme déprimée se suicide avec son enfant», dira-t-on.

Carnet 43

PENDANT PLUSIEURS JOURS, je suis à la recherche de ce passage musical pour mon roman; les silhouettes de ceux qui deviendront l'oncle Cornélius, Carlos, Vénus me frôlent dans la chaleur; cette musique sera funéraire sans être triste, ce sera une méditation pieuse et pourtant sereine, on y sentira passer l'exaltation de la vie portée par un élan de danse, ce sera la musique des funérailles noires que j'écouterai avec John Hersey, à Windsor Lane. Le déjeuner du jour de la Thanksgiving s'achève parmi les fleurs dans le jardin de David, rue Elizabeth; nous sommes tous sur le point de partir, le jour est blanc, très pâle, lié à cette sensation d'assoupissement, de brusque torpeur des après-midi où chacun retourne chez soi dans sa chambre pour travailler jusqu'au soir. Nous avançons lentement vers l'espace étroit de la rue Windsor quand John nous dit de le suivre, son doigt se tend vers cette musique dans l'air: «Écoutez», dit-il, et John Malcolm, Rollie, Jimmy, ses nombreux amis sont vite près de lui, contemplant le cortège de la rue, debout sur les trottoirs sans ombre; cette musique, sa pompe, avec la voix soliste du saxophone qui semble retentir à travers le ciel dans l'air pesant, la lassitude de ses sons aussi sous les baguettes du tambour, cette musique nous traverse en même temps, John et moi. Nous tenterons de la retracer, ce sera longtemps notre hantise sonore et dans nos livres, elle disparaîtra, presque inaudible, dans la densité des lignes écrites, ou sous la course des pas de Carlos lorsque les patrouilleurs le guettent dans la nuit. Comment était-ce donc ce jour-là, nous demanderons-nous parfois, John et moi, de quelles sombres tristesses et résignations émanait cette musique qui était aussi une cantate d'amour à Dieu? Mais une cantate brisée, retombée; la poignante mélodie du groupe de jazz ambulant, pendant ces funérailles de la rue Windsor, nous a tous rassemblés dans la rue pour un cérémonial qui est aussi un adieu.

C'est un pâle jour d'été quand ils sont tous réunis à nouveau près de John à Martha's Vineyard, cette île du Massachusetts où John a longtemps résidé avec sa famille, lui qui aimait vivre d'un pays insulaire à l'autre, sa femme Barbara à ses côtés, tous les deux studieux et paisibles, respectueux l'un de l'autre, si discrets que même dans la bonté de leur accueil, ils préfèrent ne pas être remarqués: cette fois, à Martha's Vineyard, c'est Barbara qui dit à tous ceux qui sont venus rendre hommage à son mari: «Écoutez cette musique.» Ils sont là, comme ils l'étaient hier sur les trottoirs sans ombres de Windsor Lane, écoutant la marche au ralenti des funérailles noires, ils sont venus de partout, John Malcolm Brinnin, James Merrill, Richard et Charlee Wilbur, David Jackson, Margie Land, tant d'autres aussi, le docteur Gary Montsdeoka, David Wolkowsky, des musiciens, des journalistes, le directeur d'un théâtre de répertoire de l'Université de Harvard; John appartenait à la diversité de cette communauté spirituelle, ils sont venus de loin pour célébrer l'auteur de tant d'œuvres marquantes et humaines, celui qui était leur ami et dont les cendres reposent désormais dans un jardin, au soleil; et chacune, chacun, la tête penchée sur le secret de sa destinée, pense à ce peu d'avenir qui reste, car sans John l'avenir leur semble soudain raccourci; comment a-t-il pu partir si vite, se demandent-ils, il n'a pas même eu le temps de terminer son livre; il y a quelques jours, il m'en parlait encore, tous ces portraits, tous ces caractères qu'il ébauchait du trait exquis de son style, cette discrétion de l'âme qui le distinguait des autres écrivains de sa génération, cette élégance de l'esprit, celle des peintres orientaux dont le pinceau est si fin; c'est l'aîné de notre communauté d'écrivains qui s'en va, qui sera le prochain, pensent-ils, serait-ce lui, elle ou moi? Chacune, chacun, en écoutant cette musique d'un band de jazz que Barbara a invitée à Martha's Vineyard, dans un jardin privé où chantent les oiseaux, où courent sous les arbres les petits-enfants de John et de Barbara dans des costumes solennels, que froisse et défait la chaleur — même la cravate du petit-fils Eric relâche son nœud sur la chemise blanche, et sous ses cheveux droits qui lui couvrent les yeux, Eric pince les lèvres comme s'il boudait de douleur —, tous, ils écoutent cette musique qu'il y a si peu de temps, John, accourant vers Windsor Lane sous le soleil qui blanchissait les pierres des rues, leur disait d'écouter, d'entendre, comme s'il eût dit, dans un aveu poli à chacune, à chacun: «Mes amis, écoutez bien cette musique... car bientôt, cette méditation pieuse mais qui n'est pas lugubre, ces sons dansants, cette fête d'un au revoir de passage, ce sera pour moi...»

Carnet 44

C'EST UN HOMME SANS DOMICILE qui s'arrête, une besace pendant à son épaule droite, au bar le *Harbor Lights* (Le havre des lumières) à l'heure où les pêcheurs rentrent au port dans leurs barques, lesquelles semblent fendre l'eau de leurs sillons, presque silencieusement, dans la lumière du soleil couchant sur l'Atlantique. De la table où j'écris près de la fenêtre ouverte je vois l'inconnu qui s'agite tout en racontant son histoire à un groupe de pêcheurs, accoudés avec lui au comptoir du bar. Il revient de loin, dit-il, comme plusieurs soldats américains portés disparus après la guerre du Viêt-nam, son pays, l'armée, le recherchent encore, dit-il, il souffre d'amnésie, il a contracté une mauvaise fièvre pendant son errance dans quelque pays tropical, il ne sait pas même comment il a échoué sur ce port, demain il reprendra la route, c'était une guerre bien malpropre, dit-il, ceux qui sont partis, comme lui, ne sont pas vraiment revenus; s'ils sont de retour, ne sont-ils pas moralement absents de la vie même lorsque cette vie est en apparence rachetée, longtemps après ces années de massacres? Ces soldats qui jetaient des bombes sur les villages, même lorsqu'ils sont devenus de confortables pères de familles, des hommes ordonnés, rangés, ne lui inspirent aucune confiance, dit-il.

Il parle longtemps ainsi, avec ce détachement que lui procure soudain l'ivresse, mais les autres ne l'écoutent pas. C'est l'un des frères nomades de Jack; Jack aurait le visage de cet homme, il aurait été atteint de la même fièvre dans la jungle, il aurait ces yeux que la culpabilité égare, on le rechercherait lui aussi, déserteur consciencieux, il serait encore atterré par ces scènes sanglantes dont il eût été le témoin, dans cette autre vie dont personne aujourd'hui ne semble se souvenir. «Que voulez-vous, dit l'un des pêcheurs, il y a longtemps de cela. Il faut bien oublier.»

Pourtant, l'homme sans domicile qui s'habille dans les magasins de dépôts de l'armée a conservé l'allure du soldat qu'il était, sa chevelure jadis ondulée, comme la chevelure de Jack qu'il nouait en queue de cheval a été coupée, sa tête est désormais austère, il a le crâne dénudé, ses manières sont nerveuses, au bord de l'agressivité, son corps est souple, mais sous sa chemise couleur kaki, ses muscles se tendent, on le dirait encore en uniforme et prêt à bondir sous l'attaque de l'ennemi. Il dit que ses parents l'ont sans doute oublié. «Ils me croient mort, dit-il, et je le suis.»

Pourtant, sa mère, comme la mère de Jack, autrefois dans sa maison de Cape Cod, attend chaque jour une lettre de ce fils en péril. Insolent soudain, il ordonne à la serveuse de lui servir une autre bière: la jeune femme hésite et lui recommande plutôt de rentrer chez lui. Il se fâche, il dit aigrement qu'il vit sur les plages, qu'il se protège du froid en hiver en dormant dans un canot, sous une couverture. Les pêcheurs ont accosté leurs barques au port. Ils s'amusent entre eux pendant qu'ils nettoient leurs barques, recueillent dans des seaux un flot de poissons argentés, striés de taches rouges qui glissent des mailles des filets. L'homme sans domicile n'aime pas cette heure sereine où chacun se tourne vers la douceur du ciel, satisfait de la journée accomplie; ces pêcheurs et leurs débordements de joie l'irritent. Il regarde autour de lui avec méfiance, il lui semble toujours sentir la présence de quelqu'un qui le surveille dans l'ombre. On le mènera au tribunal, il sera jugé; dans sa crainte démente, il esquisse le geste de brandir son fusil, puis il se calme. Personne ne peut le reconnaître ici.

Les images de l'enfer s'embrouillent dans son souvenir. La somnolence qui s'empare de son esprit avec la consommation de l'alcool ressemble à cette euphorie qu'il éprouvait hier lorsqu'il fumait de l'opium dans les ports de Saigon. Il se lève du tabouret où il était assis et marche vers la mer, dans le vent fort qui fait claquer les fenêtres et les vitres; l'homme frissonne de froid en songeant à ce froid de la nuit qui pourrait le saisir pendant qu'il dort sur la plage, n'est ce-pas cette nuit que l'un de ces voyous viendra lui voler sa couverture?

Debout près de la porte, il entend les bruits de l'eau sous les planches de la terrasse: demain, à l'aube, il trouvera refuge dans un bateau qui le conduira plus loin, loin de ce port infernal, pense-t-il, où des jeunes filles, des jeunes femmes tuées et violées lui apparaissent parmi les vagues: sans doute cette malaria, cette fièvre a-t-elle atteint son cerveau. Pourquoi cette tourmente de la honte après tout ce temps? Il ne fut qu'un soldat comme un autre se soumettant aux lois de carnage de la guerre. Mais tous les soirs, près de la mer, et surtout la nuit, même s'il souffre gravement d'amnésie depuis quelque temps, il entend ces voix de jeunes filles, de jeunes femmes qui lui disent dans leurs plaintes torturées: «Souviens-toi, tu m'as enlevé la vie.»

Carnet 45

LORSQUE JE RETROUVE ROBERT à une rencontre d'écrivains à Boston, parmi une centaine d'écrivains et poètes venus de toute l'Amérique du Nord, c'est peu de temps avant son départ vers Paris où il rejoindra dans leur exil les écrivains noirs Richard Wright, James Baldwin qui y sont déjà établis depuis plusieurs années. Robert a publié son cinquième roman, *La terre promise*, défiant l'insolence et la méchanceté des critiques qui avaient énoncé qu'après son premier livre, Robert n'écrirait plus. Comme autrefois, il fouille de la main dans son épaisse chevelure, il vient vers moi et m'embrasse, mais dans toutes ses attitudes, il est crispé, colérique, il n'a jamais choisi «cette paix de compromis» qui est celle des Noirs non violents, l'expression épurée de leur lutte, dit-il, il n'a jamais connu cette foi en l'humanité, en ses progrès dans les années futures qui est la foi active de Barbara; pour lui ce monde corrompu par le sang versé — il évoque douloureusement les assassinats de Martin Luther King, de Malcom X —, ce monde est irrémédiablement perdu. Sous les lampes tamisées du restaurant de l'hôtel où nous allons dîner, nous ne sommes plus épiés comme nous l'avions été tous les deux dans ce restaurant sur les

dunes près de l'océan; ici, dans ce milieu d'intellectuels, on ne nous voit pas, c'est cette invisibilité qui
frappe Robert. «Je suis sans doute le seul écrivain
noir de ce colloque et personne ne semble remarquer
ma présence», dit-il avec un sourire éblouissant mais
torturé, «j'ai souvent parlé dans mes livres de cette
invisibilité de ma race...» et pourtant je me dis, en
écoutant Robert, comment ne pas voir cet homme
jeune et en pleine possession de sa force et même de
son malheur, comment ignorer qu'il est déjà, avant
l'âge de trente ans, un témoin de l'Amérique noire
comme le sont ses aînés, Baldwin, Richard Wright?
Vingt ans plus tard, en 1986, lorsqu'il obtiendra la
Légion d'honneur en France, James Baldwin sera lui
aussi l'un de ces écrivains invisibles et incompris
comme l'était Robert — dans son pays, aucun éditeur
américain ne l'accompagnera en France lors de cette
réception de la Légion d'honneur, le milieu littéraire
new-yorkais ne lui attribuera jamais le prix Pulitzer
ni le National Book Award. Robert semble pressentir
ces mêmes injustices pour lui-même, d'un geste
violent, il dépose son livre entre nous sur la table. «Je
l'ai écrit en pensant à Jane, pour elle, me dit-il, pas
pour ces éditeurs qui nous dressent comme des petits
chiens, nous, écrivains noirs, à qui ils donnent de
temps en temps un morceau de sucre en disant: ne
demande plus rien, tais-toi, pendant que nous faisons
fortune avec tes misères secrètes... ou les misères des
gens de ta race...» Robert adoucit la voix lorsqu'il me
dit qu'il a déposé des fleurs sur la tombe de Jane.
Jane, Christine, Jonathan dorment tous ensemble, dit-
il, dans ce cimetière isolé de Truro, près des dunes, on
entend tout près l'océan qui gronde. Robert partira
seul, il recommencera une autre vie. «Des cendres qui
s'accumuleront sur des cendres... mais qu'ai-je
d'autre à perdre?» Sa main aux longs doigts, aux

ongles pâles, se pose sur la couverture neuve de son livre: ce livre, malgré toute sa peine, Robert le caresse avec fierté de ses doigts impatients. «C'est cela, c'est mon livre, c'est la terre promise, c'est l'histoire de ma vie en terre promise qui a été trahie. C'est Cape Cod, un peu nous tous là-bas... cette haine orchestrée autour de la couleur de ma peau. L'envie, la jalousie des uns et des autres. L'amour maternel de Jane qui me sauvait de la déchéance, ma séparation des rues de Harlem à seize ans, Harlem où comme Baldwin, je n'ai jamais pu retourner... c'est ma prostitution dans les rues de New York quand tous m'avaient abandonné, ce sont les calomnies involontaires ou volontaires de Gilberte, il ne faut pas accepter la vie avec candeur... je n'ai pas reçu de révélation moi, à part la colère et la haine. Il faut avoir le courage de haïr, autrement comment pourrais-je écrire? Ne faut-il pas que j'écrive pour défendre à l'avenir ceux qui ont péri à cause de moi, Jane, Christine, Jonathan?»

Mais lorsque Robert interrompt le fleuve de ses confidences, car c'est un autre livre qu'il écrit, avec ses paroles, le chant tumultueux de sa voix, le rêve de la terre promise est encore avec nous, c'est un ciel d'été sur les plages, un peintre assis sur un rocher qui peint ce ciel changeant, d'une ombrageuse subtilité, c'est toute notre vie sur les côtes de l'Atlantique qui revient à nos mémoires avec ces quelques mots, «Cape Cod pour moi, un pauvre garçon de Harlem, c'était la terre promise... Harvard, tout cela, et regarde ce qu'ils ont fait de moi... Ils ont essayé de me détruire... mais c'était la terre promise... Celle à laquelle nous n'aurons jamais droit, nous, les Noirs...» Qui écoute Robert dans le restaurant de cet élégant hôtel de Boston où sont réunis des écrivains et des intellectuels américains, nous sommes seuls tous les deux et jamais Robert n'a été aussi invisible; son livre qu'il a déposé avec une telle rage sur la table, *La terre promise*, cette chose immobile à la couverture neuve est pourtant un produit sainement dangereux, aussi explosif qu'une bombe, mais personne n'a encore entendu sa détonation.

Carnet 46

C'est le peintre de la chaise rouge devant l'océan; lorsqu'elle vient à Wellfleet en automne, c'est pour peindre ses aquarelles de la fenêtre de sa chambre du côté de la baie: ces échancrures d'eau et de lumière dégradée lui plaisent parmi les collines de sable; plusieurs de ces peintres ont déjà quitté nos rives, le peintre Léonid, Francese, Henry Poor. Diana poursuit sans bruit l'exécution de ces travaux que lui donnent le destin et ceux qui sont partis avant elle, elle se lève chaque jour à six heures, gravit l'escalier étroit, dans sa maison du début du XIXe siècle vers son studio, de ce refuge dans les sévères forêts du Vermont, de Brattleboro, à plus de quatre-vingts ans, elle dessine et peint de cette main ferme qui pourrait être la main de Fra Angelico peignant une fresque dans son couvent de Fiesole. Les figures qui s'animent sous le pinceau de Diana ne sont pas celles du *Christ aux outrages* ou du *Couronnement de la Vierge*, mais comme le peintre italien, elle vit et exprime l'habileté de son art dans un dépouillement monacal, tolérant si peu la modernité et ses conspirations contre le silence qu'il ne lui arrive jamais d'être spectatrice des images émises par la télévision, même pour se distraire le soir. Le matin, à

son réveil, ne l'attendent plus dans la large cuisine,
près du poêle à bois, Juliette, l'épagneule de Francese,
et Roxane, l'autre chien à longs poils qu'elle a adopté;
il lui semble pourtant que ces bêtes jadis tant aimées
vont bondir vers elle dans le mouvement flou de
leurs pattes levées dans un saut de joie, et qu'elle leur
ouvrira la porte pour les regarder courir dans la
neige, mais lorsqu'elle se lève, elle ne voit que l'aube
neigeuse et des forêts à perte de vue, c'est déjà
l'heure de se mettre au travail, pense-t-elle en buvant
son café, devant ce paysage têtu dont elle devra
aviver la lumière, même si cette lumière est longtemps terne en cette saison sans couleur. Aucune
voix, aucun jappement de chiens, dans la cuisine
ancienne; Diana écoute les premières nouvelles du
jour à la radio, elle aimerait être sourde aux échos
sinistres qu'elle entend mais la rumeur du monde ne
cessera jamais de gronder, pense-t-elle, rien n'a vraiment changé depuis ce temps de la Seconde Guerre
mondiale, lorsque fuyant cette ère de persécutions,
de malheurs, elle survivait avec Francese, dans un
village de Vence, en faisant un élevage de lapins,
chacun n'est pas plus à l'abri dans le monde qu'elle
ne l'était autrefois dans les Alpes maritimes craignant
toujours quelque traîtrise, mais il y eut un jour à
Vence une chapelle conçue et décorée par Matisse;
qui eût cru en ce miracle après l'hitlérisme qui avait
envahi l'Europe, et ce miracle de l'art n'a-t-il pas
prouvé sur terre sa permanence, son éternité? On
regarde toujours avec le même émerveillement les
tableaux de Piero della Francesca, l'un de ces maîtres,
avec Fra Angelico, dont Diana s'inspire, cette austé-
rité des peintres italiens est la sienne, tout trait
superflu de la plume, du crayon noir serait faux,
apporterait de la lourdeur; il faut vivre ainsi, pense-
t-elle, avec la même rigueur, le même renoncement à

toute influence qui pourrait nous détourner de la voie choisie. Le studio où elle peint a les murs blancs d'une cellule, personne n'y pénètre, aucun son discordant, non plus, aucune musique; ce soir elle écoutera un concerto de Mozart, ce sera après l'heure du thé qui est à quatre heures, avant qu'elle ne reprenne ses tâches domestiques, couper le bois, ranger des papiers, des livres, ceux-ci sont écrits en italien, en allemand, en français ou en anglais; Diana applique à ses lectures les mêmes règles d'attention, de sévère disponibilité qu'à l'horaire de sa vie, elle lit ainsi plusieurs heures par jour, le front haut au-dessus des pages du livre, sans lunettes.

Lorsqu'elle reçoit des amis, ils sont polis, distingués, parfois ce sont des peintres; Laetitia, qui vient de Capri annuellement pour voir Diana, Laetitia dont la peinture est débordante et sensuelle et c'est cette magie de contraste qui attire Diana, c'est la même lumière italienne mais une lumière de feu, la lumière volcanique des îles de la Méditerranée que peint Laetitia et dont Diana, dans la contemplation privée de la toile sur son chevalet, ne garde que les tons sobres. Ainsi ce paysage de Sicile qu'elle retrouve dans son atelier, le dessin d'une maison au toit bas complètement isolée, chétive, dans le creuset des plaines où poussent le blé et les vignes, cette maison qui ressemble à Diana, dans sa vaillance fière, la ferveur presque religieuse de son désir de solitude. Je connais moi aussi, depuis l'automne 1963, cet automne où l'arbre au tronc noueux a été peint, dessiné, dans tous les détails de ses branches offertes aux froidures du climat, je connais cette sollicitude de Diana envers ses amis, ceux qui, comme Laetitia, Mary, John, Franny et moi, sont de passage dans cette vie recluse, je sens cette main de Fra Angelico, de Piero della Francesca qui se posent sur mon épaule et

puis qui se retirent aussitôt, on ne sait pas non plus
me dis-je, pendant ces visites dans ces régions aussi
secrètes d'un être, ces visites toujours brèves, révé-
rencieuses, ce qui se passe sous les traits calmes de la
Vierge couronnée ou du *Christ outragé*, une éternelle
dignité y repose pourtant; dans ces régions du cœur
les blessures ont été guéries, consolées, la paix règne.

Diana écoute ces voix qui murmurent à la radio,
ces sons qui la heurtent, la brisent, comme chaque
matin, à six heures, ce sont des murmures dans le
noir, puis viennent ces lueurs réconfortantes du
matin, leur réverbération rose sur la neige, il faudrait
sortir les chiens mais ils ne sont plus là; ce serait
l'heure de servir le petit déjeuner à Laetitia dans sa
chambre, mais elle a dû partir plus tôt pour rejoindre
son fils à Rome. Comme chaque matin, à cette heure
précise, Diana monte vers son studio; l'aquarelle de
Sicile est là, sur le chevalet, inachevée bien que
parfaite et Diana pense qu'elle n'a pas un instant à
perdre, pas même l'oisiveté d'un instant, pour dé-
pouiller, dans sa méditative exécution, le tableau de
toute surabondance; enfin elle est seule, pense-t-elle
entre les murs blancs de sa cellule, dans une paix que
nul ne peut troubler.

Carnet 47

IL ARRIVE COMME UNE BOURRASQUE, vers la fin des années soixante-dix, dans le compartiment de ce train, entre Quimper et Paris, où va-t-il, il n'en sait rien encore, il sautera dans le prochain train vers Amsterdam, si cette idée le réjouit; il a déjà sillonné toutes les villes d'Europe plusieurs fois, il a traversé la Sibérie en train: il a la tête conventionnelle d'un cadet de la marine américaine, une tête un peu carrée sur des épaules puissantes, sa force, sa stature sont celles d'un géant rêveur. Après avoir bousculé les quatre passagers du compartiment de ses pieds chaussés de grosses bottines qui ont trempé dans la boue, il vient s'asseoir en face de moi, le livre que je lis tombe de mes mains lorsque ces affreux pieds se posent sur mon siège. Ne s'encombrant pas d'inutiles politesses, David me dit avec son franc sourire: «Il faut bien que je pose mes pieds quelque part, comment allez-vous?» Il écrit prestement de la main gauche sur un bloc-notes, son écriture est ronde et vertigineuse, je suis incrédule lorsqu'il me dit qu'il est écrivain, il ne me croit pas non plus quand je lui dis que j'ai écrit moi aussi plusieurs livres, que je déjeunerai aujourd'hui avec mon éditeur Robert Laffont, à Paris, il dit avec ce sourire qui me montre ce court espace entre ses dents de devant: «C'est quand même étonnant que nous soyons tous les deux dans le même train, le même compartiment, mais c'est comme la vie, la vie est inépuisablement merveilleuse...» David me dit que pour accéder à la liberté de son écriture, il a fait tous les métiers: il a été soldat en Corée, il a sonné l'alerte aux pompiers dans les forêts en flamme de Santa Barbara sur la côte du Pacifique, il s'est passionné pour les sciences à Zurich dans ce laboratoire où Ruth, sa femme, est un chercheur très estimé dans les universités d'Europe et des États-Unis, pour son enseignement en science génétique moléculaire. J'irai avec David un jour dans ce laboratoire de Zurich où nous verrons Ruth se pencher avec une concentration méticuleuse sur la destinée de mouches larvaires: nous irons aussi ensemble dans les Alpes où David se révèle un marcheur infatigable et un connaisseur de la chaîne alpine: nous lui résisterons pourtant, Ruth et moi, quand il nous proposera de passer la nuit sur un lit de glace, dans l'une de ces cavernes dont il connaît le nom, sous la transparente coupole des glaciers. Dans le chalet que nous choisissons pour dormir, David ouvre les fenêtres toutes grandes sur la nuit étoilée, nous grelottons de froid, le visage baigné de cette haleine de givre qui nous vient des montagnes. Avant de reprendre notre route escaladée, le lendemain, David fait cuire des saucisses sur un feu de brindilles qu'il dégage en quelques instants de ces sommets de neige dominant l'Europe. Mais surtout David écrit, il écrit partout, même pendant qu'il parle en se débrouillant dans plusieurs langues, quand il aborde de son intarissable savoir les sujets les plus divers, son bloc-notes est couvert de ces signes endiablés écrits de la main gauche: je crains de ne plus le revoir lorsque nous nous séparons ce jour-là à la gare

Montparnasse, mais il me rejoint un mois plus tard en Bretagne, c'est la vieille Jeanne qui vient en courant me dire de sa voix éraillée: «Il y a là un homme qui a passé la nuit dans le champ des agneaux et il dit qu'il te connaît...» et voici David qui avance paisiblement vers moi, dans le champ où Willy et Georgie, les agneaux apprivoisés, le suivent de près de leurs fronts cornus bientôt prêts à la forte ruée contre nos jambes et les piquets de la clôture. Dix ans plus tard, je le trouverai un matin dans la grange de Kingsbury, du foin dans ses cheveux; il me dira simplement: «Je passais par Richmond en train, j'ai décidé de m'arrêter ici pour te donner mon manuscrit. C'est le soixantième manuscrit que je termine...» David Steward est un génie ignoré des éditeurs, un écrivain d'avant-garde dont la pensée capte comme au radar la fluidité et la rapidité des événements que nous vivons aujourd'hui, sans les comprendre, car tout est écrit sur le bloc-notes de David, la lecture de ces notes transcendée par l'art du poète pourrait nous sembler aussi familière que la lecture du journal du matin, car nous savons quel temps il fait, quelles catastrophes, décimations bouleversent notre monde, dans ces mots présents et directs de David, leur course accélérée, respirant et s'agitant à la vitesse de nos vies, le récit mouvant de notre vie actuelle devient un poème épique, ample et ouvert à tout ce qui peut s'insérer d'heure en heure car l'esprit magnétique de David semble retenir tout ce qui passe, des miracles de la technologie à l'effritement des sociétés, tout est là, la terre tremble, on entend son tremblement, mais celui dont les antennes perçoivent déjà les vibrations du XXIe siècle croit que toute cette cacophonie s'ouvre sur de nouvelles résurrections, de prodigieuses naissances, comme Gardner dont on jugeait la musique tapageuse autrefois, plutôt que de l'entendre, David exprime des sons nouveaux à travers ce voyage avec son temps, et comme Gardner autrefois, sa musique n'est pas encore comprise. Mais doué d'une si grande vitalité créatrice David ne se laisse pas rebuter par le silence des éditeurs qui refusent de publier son œuvre. Plusieurs de ses œuvres sont publiées dans des revues de poésie expérimentale, à New York, à San Francisco, au cours des années. Il imprime lui-même des extraits de ses manuscrits qu'il envoie par la poste à ses amis à travers le monde, peu à peu ses livres, ses manuscrits épars sont rassemblés, il écrira toujours partout, dans les autobus, les trains ou en avion s'envolant vers son frère Peter à Paris, ou à Leningrad où il sera seul, écrivant dans une gare, son bloc-notes sur les genoux, dans le roulement sans pitié de nos révolutions, de nos guerres, de pays en pays ou seul devant le reflet vert de son ordinateur, léger comme une boîte de chocolats, m'écrit-il, dans cette chambre de Princeton où tout près du labora-toire, comme à Zurich, il s'émerveille des découvertes de Ruth et salue en elle un futur prix Nobel qui serait une femme, car David est aussi un écrivain féministe comme il est un prophète solitaire, ce Walt Whitman du sol d'Amérique d'aujourd'hui...

Carnet 48

ILS APPARTIENNENT TOUS LES TROIS à la même
éclatante famille, Bessie Breuer, romancière et
dramaturge, Henry Poor, peintre, céramiste, et
Annie, Anne Poor, leur fille qui continue de peindre
et d'exposer aujourd'hui ses remarquables tableaux
dans les galeries de New York ou dans les collections
d'œuvres d'art, dont les œuvres d'Henry Poor font
aussi partie, à travers les États-Unis. Annie est le seul
être vivant de cet étonnant et solide trio qui me
semble encore indivisible comme il l'était hier, dans la
maison de Bessie sur la colline de Truro en été ou
dans cet atelier sur une ferme qui était celui d'Annie,
toujours enveloppé par les brumes du Maine, un
atelier que je vois encore éclairé de sa lampe à l'huile
quand survient la nuit et que nous sommes tous
réunis dans une pièce sombre, placés là comme dans
une composition de Van Gogh, avec ces reflets d'une
lumière jaune sur nos fronts, une poterie colorée de
Henry contenant des fruits, dans une armoire, un
dessin d'Annie, souvent un croquis pour un portrait,
séchant sur un mur. À Truro c'est Bessie qui exerce
sur de jeunes auteurs comme Robert et moi sa
fascination: celle qui a écrit *Memory of Love* (Souvenir
d'un amour), ce premier roman de Bessie qui, dit

Carson McCullers lors de sa publication en 1935, est
«un petit chef-d'œuvre», et Clifton Fadiman, «un
classique», nous séduit autant par la profondeur de
ses livres que par sa personnalité au caractère
complexe, difficile, car comme tout vrai écrivain,
Bessie nous semble souvent en lutte avec elle-même
et bravant tous les démons dont elle est possédée,
comme l'étaient ces écrivains russes à qui on la compare, Tchekhov, Tourgueniev. Car Bessie est à la fois
bonne et violente, douce et féroce, ses paroles peuvent nous transpercer comme un dard, mais dans sa
maussade indulgence elle semble nous dire aussi:
«Apprenez à vous défendre dans la vie... soyez
forts...», et nous l'écoutons avec un respect mêlé d'inquiétude. Lorsque je fais sa connaissance, en 1964,
Bessie a enfin consenti, avec le soutien moral de
Barbara qui la pousse à écrire à nouveau, à reprendre
sa pièce *Sundown Beach* (Plage du soleil couchant)
dont Elia Kazan a déjà fait une mise en scène en 1948,
dans une production de l'Actors Studio, mais même
si elle écrit et réécrit ce texte qui représente si bien la
décrépitude mentale et matérielle des années de fin
de guerre qui afflige une population consciente, ce
que Kay Boyle qualifie dans sa préface à l'ouvrage
Sundown Beach, publié par Grindstone Press en 1973,
«de malheureuse victoire, le vide de la malheureuse
victoire» de l'année 1945, Bessie ne semble plus aimer
écrire comme autrefois, elle craint d'avoir perdu dans
l'amertume de l'attente — car un éprouvant silence a
suivi la parution de ses nouvelles, après l'immense
succès de son premier livre —, sa spontanéité, sa fraîcheur; le drame de ces êtres désillusionnés qu'une fin
de guerre condamne à la pauvreté et à la dérive n'est-
il pas un peu le sien, dit-elle? Dans son entêtement
souvent fertile pour ses amis, Barbara lui répète qu'il
faut faire jouer *Sundown Beach* en ces années soixante

d'une cynique violence, la sincérité de cette pièce n'est-elle pas attendue par la jeunesse militante? C'est Barbara qui abolira ces doutes, ces hésitations de Bessie: on reverra *Sundown Beach*, dans une mise en scène de Salem Ludwig, à New York, le 12 mai 1964, et les personnages tchekhoviens de Bessie revivront, mais pour si peu de temps, car le pays, loin de partager la pensée pacifique de Bessie et de ses amis écrivains, n'a que des préoccupations guerrières, ainsi la pièce connaît ce sort injuste de passer presque dans l'oubli.

Puis viennent les années pernicieuses de la maladie, la vieille dame qui avait été une conteuse raffinée, celle qui nous introduisait dans le monde des acteurs de New York, chez ses amis écrivains, l'amie de Carson McCullers, d'Elia Kazan, soudain ne parle plus, elle vit désormais près d'Annie dans la maison d'Henry à New City, cette maison qui est une œuvre d'art que l'on peut visiter, l'habitat du sculpteur, du céramiste Henry Poor, mais c'est une maison chagalienne pour y vivre non y mourir; Bessie vit là dans une chambre, elle est consumée par des maux de gorge, sa voix est si lamentablement faible qu'elle doit se servir d'une clochette pour appeler Annie. Je l'entendrai ainsi pour la dernière fois, dans cette chambre de New City, en écoutant ce son de la clochette qui dira au revoir et au son de cette clochette tenue orgueilleusement par la main d'une agonisante, je croirai entendre vibrer sous leurs cadres tous les tableaux de la maison, tels les vitraux d'une cathédrale. C'est dans ce lit, cette chambre de l'ultime accueil, qu'Annie a peint sa mère comme elle la voyait alors, une mère gracile mais forte, au regard assagi par tant de douleurs, de replis muets: si le corps, la tête ont été rétrécis par le mal, comme s'ils eussent été fondus à la taille d'un oiseau tombé du nid, une lueur de férocité secourable habite encore l'œil, le regard est une lampe sans tranquillité qui brille dans les ruines du corps détruit, et cette lampe, c'est l'âme d'Annie, me disais-je en regardant ce tableau dans une galerie de New York, c'est le lien de concrète durée entre la mère et la fille, entre Bessie et nous qui l'avons connue, qui avons lu ses livres. Et pourtant ce trio est si indivisible, sur les collines de Truro, que je vois encore Annie expliquant à sa nièce Anna (qui sera elle aussi peintre et sculpteur) comment peindre le pommier, le cerisier, d'un seul trait du crayon, de la plume, Bessie s'y promène, ses feuilles à la main, non elle n'écrira jamais plus, dit-elle à Henry qui travaille au jardin, elle hait l'écriture, son humeur est fulminante, elle referme quand même derrière elle la porte de la maison et disparaît jusqu'au soir, et pour Barbara, ne serait-ce que pour faire plaisir à cet être tendre et noble qui exige d'elle tant d'honnêteté, de continuité, cet être qu'à cet instant Bessie juge insupportable, Bessie écrit, reprend avec le ton de l'urgence, *Sundown Beach*, La plage du soleil couchant. Plus tard autour d'un délicieux repas préparé par Henry, Bessie sera plus joyeuse, ses petits-enfants seront près d'elle, Anna, ses chats et ses lapins; chacun des enfants aura dessiné, peint une aquarelle, conquise par le bonheur de sa journée sur l'écueil des mots, Bessie dira à sa famille, à ses amis, dans un moment de satisfaction encore plein de doutes: «Je pense que Barbara n'a pas eu tort lorsqu'elle m'a dit de réécrire *Sundown Beach*...»

Carnet 49

IL EST LÀ, LUI AUSSI, seul dans l'île, l'île sauvage, à l'abandon, l'île sans hygiène ni eau potable dans cette partie du monde négligée de tous dont Thomas Sanchez fera bientôt naître l'île de *Kilomètre zéro*, dans ce roman *Kilomètre zéro* dont sans doute, même en ces années lointaines, Thomas a commencé l'ébauche, les recherches de la forme; je le vois le matin à onze heures, il lit devant la mer en lissant ses moustaches, sous son chapeau de paille: parfois il est d'une songeuse immobilité, les épaules appuyées au dossier de sa chaise de bois, une chaise spacieuse dans laquelle il semble à l'aise, étirant son corps robuste, se penchant pour enlever ses sandales sur lesquelles il regarde bouger ses pieds nus. J'imagine qu'il vit comme moi dans une mansarde de la rue Eaton où ses pieds effleurent des cancrelats quand il se lève le matin, ou que, renfrogné à la manière de Thomas, il cogne son âme entre les quatre murs de sa chambre, pendant qu'il écrit tout en marchant; il ne faut pas rencontrer Thomas à onze heures quand il arpente la ville dans un brouillard qui ne se lève pas, il faut éviter de lui adresser la parole sous la casquette de joueur de football où il se dérobe, mais l'écrivain dont le visage est bruni par le soleil qui étincelle à travers son chapeau de paille, aussi insomniaque que Thomas comme je l'apprendrai en lisant ses Mémoires à la bibliothèque, est d'un abord accueillant et dispos, c'est d'une voix joviale qu'il commande à un serveur qui se promène oisivement avec son plateau dans les vagues, ces vagues douces, stables des matins de brouillard, des fraises pour son petit déjeuner, et peut-être aussi un martini pour se réveiller. C'est par Stella qui est chiromancienne au restaurant *Chez Claire* que j'entends souvent parler de lui, «Tennessee et Rose sont mes cousins», dit Stella, absorbée dans son examen des lignes de ma main, sur le point de me retirer de l'abîme avec son art de la divination fulgurant. «Si vous restez avec nous, dans l'air marin, me dit-elle, en palpant mes doigts, contournant du regard les lignes de la paume, du poignet, vous guérirez des suites de cette congestion pulmonaire... Et puis, vous écrirez beaucoup parmi nous. Venez chez moi, je veux vous montrer les tableaux de Tennessee et de sa sœur Rose. J'ai souvent pris soin de Rose. C'est une femme adorable et Tennessee s'en est beaucoup inspirée pour ses pièces de théâtre. Elle a une vision du monde qui n'est pas comme la nôtre. Il faut la protéger à cause de cela, c'est une créature bénie... bénie de Dieu mais incomprise de nous. C'est une fleur emprisonnée dans une serre, une fleur qui n'est pas vénéneuse mais qui mourrait au contact de nos poisons. Je la visite souvent dans sa maison de repos, parfois je l'invite à sortir avec moi... et c'est là où je découvre toute sa poésie, sa poésie secrète.» Dans ce logement dépouillé de Stella, il n'y a qu'une pièce et des tableaux qui couvrent le mur unique, Stella semble plutôt vivre à l'extérieur sur son balcon et elle n'a qu'à longer la rue pour aller chez Claire, son chien Sugar sous le bras, mais Sugar vieillit, ses yeux comme des

boutons noirs sont tristes, sa langue rose pend de sa
gueule, Sugar suit sa maîtresse, effaré, dodelinant de
la tête; dans l'ensoleillement de la pièce, les tableaux
de Tennessee Williams, de sa sœur Rose, de Stella
m'invitent à un univers étrange, envoûtant. Je pense à
cet homme que j'ai vu à la plage des Sables (The
Sands) qui lisait le matin, seul, face à la mer, c'est lui
qui a peint ces nus sereins, ces pastels d'une grisante
sensualité, dans ses paysages inondés d'une eau
bleue qui chante; de ces tableaux clairs, le harcèle-
ment obsessionnel que produit l'écriture sur celui
qui écrit a disparu, et la lumière rayonne, bleue ou
blanche de brouillard comme elle l'était ce matin sur
cette plage où l'auteur de ces tableaux se détendait,
pieds nus dans le sable parmi les mouettes. De retour
dans la chambre de ses spectres, *The Inner Room*, la
chambre où toutes les portes sont fermées dont parle
le grand poète James Merrill, celui qui se délasse ici
de ses nuits d'abattement et de tumultes sera vite
confronté au fantôme combien fragile de celle qui fut
Rose, mise à l'écart, l'authentique personnage de *La
ménagerie de verre*, dont les muses dans leur affolement se sont égarées.

Cette Rose qui a suivi la voie du poète, même
pendant son internement pour une convalescence qui
sera prolongée toute sa vie, Stella la garde encore près
d'elle, avec les tableaux de son frère, ses manuscrits,
ses dessins. Est-ce Stella ou Rose qui a peint ce tableau dont le titre est: *Ce soir quelque chose arrivera
(Tonight Something Will Happen)*? Les deux cousines
ont des affinités sensibles si intenses qu'elles
semblent pénétrer toutes les deux le même monde
invisible, elles remuent ces objets de verre d'où
monte la mer, souffle le vent. Un oiseau peint par
Stella sera plus gros que nature car il est en réalité
plus gros que nature, l'île est une étendue d'eau

miniature, mais lorsque Stella peint son soleil, c'est la Provence qui entre dans le tableau, car c'est ainsi dit-elle, l'oiseau est immense par rapport à l'œil qui le voit, si bien qu'il dépasse des bords du tableau rigide, qu'on le voie dans toute l'immensité de son attente lorsque ses ailes s'ouvriront vers le ciel. Dans le tableau de Rose, *Ce soir quelque chose arrivera*, une table attend des invités dans un jardin, le couvert est-il mis ou ôté? Les cuillères, les couteaux ont été renversés sur la nappe rouge: il y a des fleurs, si ce sont des fleurs, mais le vase a été déposé à côté des fleurs, au fond du tableau, une femme attend des visiteurs, sa robe peut être noire comme elle peut être d'un rouge obscur, l'équilibre entre les objets et la figure du tableau est cassé, la matière de la peinture vogue comme elle veut, avec ses teintes chatoyantes, «ce soir, il arrivera quelque chose». Une femme attend des visiteurs, peut-être sont-ils venus, mais soudain il n'y a plus personne. Rose, comme Stella, sur la scène du restaurant *Chez Claire* a deviné, pressenti tout ce qui allait venir après un soir de longues fêtes sur la terrasse blanche où l'on entendait rire des jeunes gens, tous ont été invités au banquet puis sont repartis, il n'est plus même utile de mettre le couvert, les fleurs oubliées se faneraient dans les vases, une femme attend, dans la salle vide du restaurant, mais personne ne viendra, car ce soir quelque chose est arrivé.

Carnet 50

HORTENSE, HORTENSE FLEXNER. Son nom est prononcé par l'un de ses lecteurs modernes, en 1993, qui connaît son œuvre traduite par Marguerite Yourcenar. C'est Jean Fougère qui me parle soudain d'elle pendant une entrevue, et la voici parmi nous, elle est revenue du silence de la montagne d'ombres d'où, comme dans ses poèmes, elle dut se battre «entourée d'anges mais stupidement avec une épée contre le guerrier archaïque» (*archaic warrior*, vieux guerrier). C'est une femme toute petite au sourire spontané, bienveillant, je la rencontre dans son âge avancé, elle trottine de joie entre Mary et moi vers le jardin de Mme Yourcenar: elle veut lui faire lire ses derniers poèmes, ceux qu'elle a écrits là-bas, là-bas, c'est le pavillon où dorment des vieillards par ce brûlant après-midi d'été, c'est la nouvelle résidence de Miss Horty, comme l'appelle Mary qui la connaît depuis longtemps et dans cette résidence particulière Miss Horty sent que pourrait bien tomber pendant son combat «la lourde armure» du chevalier, mais si la mort approche, écrit-elle aussi, elle sera étonnée «en prenant avec elle une main qui est encore chaude». Et c'est cette main vive de Miss Horty qui commande nos pas, ce jour-là, qui nous indique le

212   PARCOURS D'UN ÉCRIVAIN

vaste chemin, la route près de la mer, loin du pavillon sous les arbres, loin aussi de cette centaine de lits dont dépassent du drap plié avec trop de soin de blancs visages d'où s'exhalent d'invisibles soupirs.

Dans l'un de ses poèmes consacrés à la vieillesse, Miss Horty décrit ainsi ces corps, ces visages endormis dans leur funèbre retraite, en plein été, «ces squelettes furieux si proches de leur soupir». Peut-être a-t-elle eu la prémonition de cette image lorsqu'elle était encore jeune et vigoureuse dans sa maison du Kentucky où elle a écrit la majeure partie de son œuvre, ajoutant à son œuvre poétique des contes pour enfants qui ont été illustrés par Wincie King. Mais c'est une fée, un lutin qui saute de la voiture de Mary pour courir vers les rochers, la plage, la mer; que de longs jours d'attente avant de pouvoir sortir, revoir ces inlassables paysages, Miss Horty dit vouloir toujours s'enfuir pendant cette heure de la sieste, «mais là-bas, c'est toujours l'heure de la sieste... c'est si désolant...» Ce jour-là, pendant cette heure du thé chez; Mme Yourcenar, nous apprendrons que les œuvres de Miss Horty seront bientôt publiées en France; Mme Yourcenar qui a déjà traduit les poèmes de Cafafis en 1958 ne craint pas de faire découvrir l'œuvre de Hortense Flexner par sa traduction très respectueuse de l'univers concis de Miss Horty, ce poète nuancé comme l'est Cafafis, mais dont le ton élégiaque est plus retenu, mesuré; cette mesure apparaît souvent dans les poèmes d'Hortense Flexner, parfois elle sert de lien, de comparaison comme dans ce poème où «frêle est la fleur, forte la graine», «l'agonie dont il sera plein comme une coupe», cette «coupe pleine chaque vivant pourra mesurer ce qu'elle contient», ou bien «l'œil physique qui est si mince enregistre d'amples choses pour toujours»; la critique Laurie Lie dit de ces poèmes «qu'ils tombent comme des gouttes d'eau dont chacune a un poids cristallin et pur, cette écriture est rigoureuse et exacte, elle est d'une transparence démunie, le monde qui est aperçu dans sa petitesse souvent projette de gigantesques ombres». Mais dans le jardin de Mme Yourcenar, Miss Horty écoute avec modestie les commentaires élogieux que lui prodigue son amie impérieuse mais attendrie par tant de simplicité, car Miss Horty est assise au bord de sa chaise, les mains posées sur ses genoux, tirant les fils de sa robe de coton de ses doigts malhabiles; «Vous êtes, Hortense, avec Elizabeth Bishop et Marianne Moore qui sont des êtres aussi discrets que vous, un grand poète de votre génération et la France, l'Europe doivent vous découvrir.» «Mais je serai bientôt au ciel», dit Miss Horty avec un espiègle sourire. «Allons, allons, dit Mme Yourcenar. Le ciel peut attendre.» La grande Miss Frick, qui est debout derrière la chaise longue de Mme Yourcenar, penche vers nous soudain son dos souffrant, elle enserre de ses larges mains ses reins qui lui font mal, nous la sentons vigilante pour chacun des invités, toujours prête à aider les autres, bien qu'elle souffre déjà de cette grave maladie qui l'emportera si vite; niant sa douleur, elle marche péniblement vers la cuisine d'où elle nous rapporte des brioches chaudes et parfumées: «C'est pour vous, Hortense, dit Miss Frick, je sais combien vous aimez mes brioches. Bien sûr que le ciel peut attendre. Il y a déjà bien assez de monde là-bas, vous ne trouvez pas, Hortense?»

Peu de temps après cette charmante journée chez Mme Yourcenar et Miss Frick, Miss Horty s'éteignait à la résidence, mais ce fut sans doute comme une lueur encore ardente qui ne cesse de brûler. «Je crois en cet industrieux labeur de la mort qui se fait fièrement, avait-elle écrit quelque temps plus tôt, mon esprit est en noire défaite. Une mouche affamée me ronge, je la chasse mais elle a la forme de ma pensée.» Je souhaite en lisant ces vers qu'il fut évité à Miss Horty, dont la main était encore chaude entre les doigts transis de la mort, de connaître, subir, elle qui aimait si peu le froid, ce froid qui était pour elle l'engourdissement du sommeil éternel, «l'enlacement forcé à une branche dans le vent glacial», que vienne à elle devant sa porte «le long pas du soleil» que «la coupe de l'agonie n'eut que la juste mesure», cette mesure, dit Hortense Flexner, conforme aux forces de chacun.

Carnet 51

ILS PARTENT, ils sont sur les routes comme l'étaient hier Jack et Robert lorsqu'ils dérivaient vers d'autres continents, d'autres océans, en quête d'un monde d'où serait écartée la menace de l'extinction des peuples par une meute de spéculateurs armés; ils ont désormais les mains vides, la tête au vent, ils se souviennent de ce nuage de fumée à peine dissipé sur les champs de riz du Viêt-nam, ils voient encore s'élever tous les jours des colonnes de feu et de sang des terres brûlées du Proche-Orient.

Ils ont trente ans lorsqu'ils arrivent dans l'île avec leur chien Spirit en 1990 dans leur voiture brinquebalante, la carcasse d'une Chevrolet grise dont la plaque d'immatriculation porte ces mots en lettres blanches: «Sois libre ou meurs» (*Live free or die*). Ce sont mes amis Scott Kirby et Michelle Glauson qui ont déserté l'héritage de leurs pères pour une vie sans lourdeur, l'air qu'ils respirent ici est léger, diaphane comme cette eau verte dans laquelle ils aiment se baigner (ne disent-ils pas de l'air qu'il est si doux que chacun nage dans sa transparence), et de cette diaphanéité de l'air, de l'eau qu'ils sont venus chercher si loin émergeront, avec leurs corps d'athlètes reposés après d'heureux excès, leurs âmes neuves prêtes à l'aventure.

L'inquiétant fardeau des villes industrielles tombera de leurs épaules, ils n'auront aucun goût pour la conquête, ils ne seront que les inventifs créateurs de leurs propres vies, poètes et musiciens, eux qu'une carrière en politique ou dans les affaires eût asservis au mensonge, ils se sentent libres de dire et d'écrire tout ce qu'ils ressentent, leurs mélodies portent au loin leurs mots sombres et lucides, leurs voix nous ébranlent de leur foudre en apparence douce, mesurée, mais aux élancements si prophétiques lorsqu'ils évoquent la vie de notre temps. Ils avaient craint de s'assoupir sous le soleil torride des plages, mais brusquement stimulés par la chaleur de l'air, ils mettent ensemble la voile au bateau qu'ils louent, ils apprennent à naviguer et franchissent peu à peu en vainqueurs les tumultueux courants de l'Atlantique.

Je viens écouter le soir cette musique de Scott quand toutes les lueurs sont renversées par le vent dans les lampes sur les tables des terrasses. C'est au son de ces notes expirantes de la guitare, de l'harmonica, que j'écris l'histoire de Jack, celle de Robert, ces vies désormais fondues dans le même brouillard sanglant des années soixante; les amples paroles de Scott résonnent dans la nuit et le touriste au regard absent ne semble pas comprendre que ces paroles lui sont destinées: «Aujourd'hui, j'ai rencontré l'homme qui avait des peines majestueuses», chante Scott, décontracté sur son tabouret, les jambes croisées sous son siège, dans son short beige qui, à part une casquette lorsqu'il fait froid, est sa tenue vestimentaire pour tous ses concerts sur la plage, «cet homme m'a dit qu'il possédait un château, de vastes domaines en Californie, un yacht, c'était un homme dont l'âme était faite de porcelaine, et ses peines, m'a-t-il dit, étaient des peines majestueuses... C'était l'homme aux peines majestueuses...»

Celui qui est le fantôme encore agité de Jack, le déserteur que l'on recherche au fond des jungles en Asie et qui ne sait pas où il dormira cette nuit, frémit d'un effroi familier en tirant les pans de sa couverture sur son dos, lorsqu'il entend cette voix de Scott toute mélodieuse et calme qui lui ouvre l'âme comme un couteau. «Je marche seul depuis trente ans, plus bas vers l'est, plus bas vers l'ouest, je marche seul... plus bas...» Ces ballades aussi esseulées que son cœur le berceront dans le canot où il dormira sous la couverture imprégnée d'odeurs de sel, mais que la nuit sera longue, ne faut-il pas s'attarder encore un peu aux portes des hôtels, tendre humblement la main hors de la couverture, mendier?

Les reflets d'une pleine lune ronde et insolente éclairent les jambes rouges du rôdeur, sous la couverture, il s'en va vers la rue, silhouette meurtrie comme l'est Jack dans mon souvenir. Ces mêmes reflets aux cercles froids, autour de la lune, illuminent le visage de Michelle qui écoute chanter Scott, debout près du bar; le visage de la jeune femme, sous ses cheveux blonds ébouriffés, a une expression détendue, bienveillante, mais le sourire angélique, les yeux bleus qui brillent, de même que le tendre regard amoureusement tourné vers Scott, de l'expression mobile de tout ce visage se dégagent une grande vitalité, une prodigieuse volonté aussi, et pendant que Scott chante «Un peu plus bas vers l'ouest, un peu plus bas vers l'est... n'est-ce pas enfin l'heure du nouveau départ?» j'entends en même temps la voix de Michelle qui me dit: «Je me prépare à la grande course de notre équipage de femmes (la course Whitbread), je serai bientôt capitaine... j'ai déjà remporté quelques trophées, demain je serai comme Amelia Eahart, Nance Frank... Les voiles sont mises... c'est notre tour maintenant... »

CET OUVRAGE
COMPOSÉ EN PALATINO 12 POINTS SUR 14
A ÉTÉ ACHEVÉ D'IMPRIMER
LE VINGT-HUIT OCTOBRE
MIL NEUF CENT QUATRE-VINGT-TREIZE
PAR LES TRAVAILLEURS ET TRAVAILLEUSES
DE L'IMPRIMERIE GAGNÉ
À LOUISEVILLE
POUR LE COMPTE DE
VLB ÉDITEUR.

IMPRIMÉ AU QUÉBEC (CANADA)